Schierz / Vallenthin
LowFett 30 – das große Kochbuch

Die Autorinnen

Gabi Schierz (links), 1960 geboren und aufgewachsen in Hessen, studierte Ernährungswissenschaften in Gießen und schloss 1984 mit dem Diplom ab. Danach war sie lange Zeit in der Lebensmittelindustrie als Produktmanagerin unter anderem für die Marken Löwensenf und Appel tätig. 1997 lernte sie Gabi Vallenthin kennen und startete mit ihr gemeinsam das LowFett 30-Ernährungskonzept. Gabi Schierz ist verheiratet und hat zwei Söhne.

Gabi Vallenthin (rechts), 1959 geboren und in Bayern aufgewachsen, absolvierte nach dem Abitur die Ausbildung zum Handelsfachwirt, Kommunikationsfachwirt und Kommunikationswirt. Sie arbeitete in verschiedenen Werbeagenturen und in den Werbeabteilungen namhafter Finanzdienstleistungsunternehmen und war dort zuständig für Konzeption und Text. Angeregt durch einen Roman, in dem speziell fettarme Ernährung thematisiert wurde, nahm die seit ihrer Kindheit übergewichtige Kreative über 20 kg ab. So wurde die Idee zu LowFett 30 geboren.

Gemeinsam schrieben die beiden über 50 Bücher zu LowFett 30, die auch in sechs weitere europäische Sprachen übersetzt wurden.

LowFett 30

Die Idee zu diesem Ernährungskonzept entstand 1997. Das Konzept wurde schon mehrere Male von Stiftung Warentest und Ökotest ausgezeichnet und konnte sich zu einem über Deutschland hinaus bekannten Ernährungsprogramm etablieren. Es gibt nur wenige Onlinekurse, die nach § 20 SGB V zertifiziert sind und so von vielen Krankenkassen als Präventionsmaßnahmen anerkannt und entsprechend erstattet werden. Eine Zertifizierung, die nur die ganz besonders geprüften und bewährten Konzepte erhalten, setzt die Einhaltung der Richtlinien der DGE (Deutsche Gesellschaft für Ernährung) voraus.

Weitere Informationen zu den Autorinnen, dem Unternehmen und den Kursen finden Sie unter www.lowfett.de.

Gabi Schierz
Gabi Vallenthin

LowFett 30
Das große Kochbuch

Fettarm schlemmen und dabei abnehmen
Mit Fett-Kalkulator für den Einkauf

Fett raus, Geschmack rein

Wenn Sie Haut und Fett entfernen, kann selbst aus einer Hähnchenkeule ein LowFett 30-Gericht werden. Diverse Fettfallen kann man einfach um-schiffen – wie das ohne Geschmackseinbußen gelingt, lesen Sie in der LowFett 30-Austauschliste auf S. 22–23.

◀ Hähnchenkeulen auf Orangenreisnudeln, S. 82

Zu diesem Buch

Wer längere Zeit mit den Pfunden kämpft, kennt das Problem: Abnehmen – am liebsten nach strengem Plan – ist relativ einfach, gemessen an der Schwierigkeit, das neue Gewicht anschließend zu halten. Zu groß die Versuchungen. Zu wenig planbar der Alltag.

LowFett 30 hilft dabei, die grundlegenden Ernährungssünden, denen wir mittlerweile alle erliegen, zu erkennen und auszumerzen. Denn machen wir uns nichts vor: Die meisten Europäer ernähren sich schlecht, auch die Schlanken. Nur hilft den Schlanken der Stoffwechsel (zumindest in jungen Jahren) dabei, diese Ernährungssünden nicht in Polster umzuwandeln. Dennoch ist auch ihre Ernährungssituation verbesserungsfähig.

Jedes Glied der Kette »einkaufen – zubereiten – essen« wird bei LowFett 30 betrachtet und optimiert. Denn LowFett 30 setzt da an, wo Ernährung beginnt: im Supermarkt. Beim Einkaufen. Durch einfache Beispiele aus der Praxis lernen Sie als Leser, schon Ihren nächsten Einkauf zu optimieren und so langfristig Ihre Ernährung umzustellen. Mit der beigefügten Drehscheibe – dem Fett-Kalkulator – können Sie schon beim Einkaufen ganz leicht feststellen, ob das gewünschte Produkt für die LowFett 30-Ernährung geeignet ist oder nicht.

So beugen Sie Übergewicht und, in der Folge davon, ernährungsbedingten Erkrankungen wirksam vor.

Mit LowFett 30 erwerben Sie grundlegendes Wissen über Ernährung, angepasst auf Ihre heutigen Ernährungsgewohnheiten. Selbst wenn Sie sich heute nur von Cola, Pizza und Burgern ernähren, können Sie sanfte Veränderungen vornehmen. Und Sie erwerben Wissen, das Sie davor bewahren wird, in allerbester Absicht das Falsche zu tun.

Tausende von Verbrauchern haben nicht nur mit LowFett 30 sehr gut abgenommen, sie haben anschließend auch ihr Gewicht gehalten. Weil sie sich auf die »freie Wildbahn« der Supermärkte, Restaurants und Essenseinladungen nachhaltig vorbereiten konnten. Mit Lebensmitteln aus dem Supermarkt und Rezepten, die einfach zuzubereiten sind und allen Familienmitgliedern schmecken. Auch den ganz Kleinen.

Steigen auch Sie auf LowFett 30 um und machen Sie die tolle Erfahrung, dass Sie auch ohne Diät und strenge Pläne dauerhaft abnehmen können und der Genuss nicht auf der Strecke bleibt.

Ihre Gabi Schierz und Gabi Vallenthin

So funktioniert LowFett 30

Mit LowFett 30 lernen Sie so viel über Ernährung, dass Sie schon nach kurzer Zeit die besseren Lebensmittel auswählen. Sie optimieren Ihre Kochkünste – mit Rezepten, die wirklich der ganzen Familie schmecken. So finden Sie für sich und Ihre Familie ganz leicht den Weg zu mehr Wohlbefinden – ganz ohne Pläne, ganz ohne Zwang.

Richtig einkaufen – und kochen

Der Name sagt es schon: Bei LowFett 30 geht es im ersten Schritt um das Fett in der Nahrung. Denn Fett hat 9 Kalorien pro Gramm – Kohlenhydrate und Eiweiß aber, die beiden anderen Grundbaustoffe der Nahrung, dagegen nur 4 Kalorien pro Gramm. Von daher macht es Sinn, den Baustein mit der höchsten Energiedichte, den meisten Kalorien, besonders ins Visier zu nehmen.

Mit wahlloser Fettreduktion aber ist es nicht getan. Zum einen müssen wir bestimmte Fette gezielt zu uns nehmen – zum anderen gibt es noch weitere Aspekte in unserer Ernährung, die für unseren Körper und unser Wohlbefinden wichtig sind:

- Reduktion des Zuckers in der Nahrung und damit auch in Getränken.
- Anheben der Ballaststoffe im Essen.
- Vitaminschonende Lagerung und Verarbeitung von Lebensmitteln.
- Drastische Reduktion – am besten völlige Vermeidung – von unnatürlichen Zusatzstoffen, wie sie im Übermaß in industriell hergestellten Nahrungsmitteln zu finden sind.
- Zurück zu geregelten Essenszeiten und in Ruhe eingenommenen Mahlzeiten.
- Anheben des Konsums von Mineralwasser, dafür Verringerung von aufputschenden Getränken, egal ob sie Koffein oder Alkohol enthalten.
- Jeden Tag »Grünzeug« in Form von knackigem Gemüse, Salat und Obst.

100 Jahre zurück. Lassen Sie uns kurz zurückspringen in die Zeit unserer Eltern, Großeltern und Urgroßeltern. Zurück zu den Zeiten, wo Nahrung verfügbar war und keine Not herrschte.

In nahezu allen Berufsgruppen wurde körperlich viel härter gearbeitet als heute – und auch einfache Haushaltstätigkeiten, die unsere Maschinen per Knopfdruck erledigen, wurden von Hand gemacht. Egal ob Wäsche waschen, die Pflege der Fußböden oder Essen kochen: Alles erforderte vollen Körpereinsatz. Spielereien wie Handys und MP3-Player, Computer und Fernsehen, Haushaltsgeräte wie Küchenmaschinen, elektrische Kaffeemaschinen, Staubsauger, Waschmaschinen und Geschirrspüler gab es nicht. Und wenn es sie gegeben hätte, wären die finanziellen Mittel zum Kauf nicht vorhanden gewesen. Die ganz normalen Menschen mussten fast ihr gesamtes Einkommen für Essen, Kleidung und Wohnung verwenden.

Und heute? Unsere Arbeit wird selbst in der Landwirtschaft oder auf dem Bau durch jede Menge Maschinen erleichtert. Die meisten von uns – sogar viele Handwerker – kommen mit relativ wenig körperlichem Einsatz durch den Arbeitsalltag. In größeren Unternehmen essen wir dann in der Kantine – in kleineren wird in der Pommesbude etwas Essbares geholt – und nach der Arbeit fahren wir dann noch schnell beim »Drive Inn« vorbei, um uns auf die Schnelle mit zwei Burgern, einer Cola, einer Apfeltasche und einem Milchkaffee einzudecken … weil wir mit Freunden verabredet sind, ins Kino, in der Kneipe und einige wenige sogar zum Sport. Ständig haben wir Angst, dass unsere Freizeit zu kurz kommt – deswegen essen wir Fertiggerichte in Form von Tiefkühlkost und bestellen beim Pizzaservice – nur um Zeit zu haben, uns durch die 40 Fernsehprogramme und die Internetforen passend zu unseren Hobbys zu zappen. Ist das unser Verständnis von Lebensqualität?

Auch den Lieferanten unseres Abendessens geben wir kaum Zeit, unsere Bestellung zuzubereiten. Wir erwarten die Pizza oder das Thai-Curry innerhalb von 30 Minuten an der Tür. Damit die Anbieter das schaffen, helfen ihnen dann wieder vorgefertigte Produkte – und notwendige Garprozesse kürzen sie durch mehr Hitze und gleichzeitige Zugabe von etwas mehr Fett ab.

Das Ergebnis eines solchen Ernährungsalltags: viel Fett, kaum Vitamine und Mineralstoffe (Vitalstoffe, nur noch Spuren von Vitaminen), dafür aber

reichlich die Segnungen der Food-Designer, die unseren Gaumen mit speziellen Geschmacksverstärkern und Zusatzstoffen »leckeres Essen« vorgaukeln können, auch wenn dazu nur die Zugabe von irgendwelchen »Pulvern« notwendig ist: Und da das Zeug in fast allen Fertigprodukten drin ist, werden schon unsere Kinder an den industriellen Einheitsgeschmack gewöhnt.

Was muss sich ändern?

Selbst kochen. Deswegen ist das erste Credo von LowFett 30: Freunden Sie sich mit der Idee an, selbst zu kochen. Mit frischen (!) Nahrungsmitteln und echten Gewürzen. Wie Sie eine tolle Bolognese-Sauce auch als absoluter Kochlaie ohne fixe Tütchen hinkriegen, erfahren Sie in diesem Buch auf S. 77.

11

Denn unser Anspruch ist: **Wer lesen kann, kann auch nach LowFett 30 kochen.**

Echte »Lebensmittel«. Ziehen Sie »Lebensmittel« vor: Machen Sie einen Bogen um das fertige Dosen- und Tütenfutter der Supermärkte, gehen Sie zu den Frischetheken und kaufen Sie da Milch, fettarmes Fleisch, öfter Fisch, viel mehr Gemüse und Obst und ergänzen Sie das nur noch durch Vollkornbrot, Nudeln, Reis und Gewürze. (Keine Mischungen kaufen und immer auf die Zutatenliste gucken. Dazu später noch mehr!) Schon ist Ihre Ernährung besser als bei den meisten Deutschen.

Vor dem Kauf prüfen. Wählen Sie natürliche und fettarme Lebensmittel – und wenn Sie sich nicht sicher sind, ob ein Lebensmittel wirklich »fettarm« ist, suchen Sie die Nährwerte, die auf fast allen Verpackungen abgedruckt sind, und setzen Sie die Werte von Fett und Gesamtkalorien in folgende Gleichung ein:

$$\frac{\text{Gramm Fett} \times 9\ \text{kcal} \times 100}{\text{Gesamtkalorien}} =$$

XX % der Kalorien (kcal) aus Fett.

Fettkalorien. Und so bewerten Sie das Ergebnis:
- 0 – 30,00 % … an diesem Lebensmittel können Sie sich satt essen. Es entspricht dem LowFett 30-Prinzip, weil es nicht mehr als 30,00 % seiner Gesamtenergie aus Fett bezieht. Diesen Wert haben wir nicht willkürlich festgesetzt, er wurde so von der DGE (Deutsche Gesellschaft für Ernäh-

rung) als Grenzwert für den Fettkonsum bestimmt.
- 30,01 – 100 % … alle Lebensmittel, deren Fett-%-Anteil über den 30,00 liegt, sollten Sie spärlich einsetzen oder im Rahmen eines LowFett 30-Rezeptes in der angegebenen (geringen) Menge verwenden.

Fett-Kalkulator. Damit Sie nicht beim Einkaufen für jedes Produkt umständlich rechnen müssen, haben wir für Sie eine dem Buch beiliegende Drehscheibe »Fett-Kalkulator« entworfen, mit der Sie ganz einfach ermitteln können, ob ein Lebensmittel unter 30 % Fettkalorien enthält und damit für die LowFett 30-Ernährung geeignet ist.

Wir garantieren Ihnen: Wann immer Sie ein LowFett 30-Rezept in den Händen haben, können Sie sicher sein, dass das jeweilige Gericht nicht mehr als 30,00 % der kcal aus Fett hat. Egal ob es sich um eine Pizza handelt, um einen Kuchen, ein Eis oder einen Braten, ein Sandwich, einen Auflauf, eine Bratwurst, die zu einem Gericht verarbeitet wurde.

Wer richtig einkauft, kann nicht falsch kochen

Es gibt tatsächlich von fast allen Lebensmitteln eine LowFett 30-Variante. Wobei Sie schneller mit frischen Produkten LowFett 30-Rezepte kochen können als im Supermarkt nach LowFett 30-Fertigprodukten zu suchen. Selbst unter den »Diät-Produkten« werden Sie nur selten ein wirklich fettarmes Lebensmittel entdecken. Die meisten Produkte, von denen Sie denken, sie wären zum Abnehmen geeignet, haben mehr als die von der DGE geforderten max. 30 % der kcal aus Fett.

Machen Sie die Probe aufs Exempel und gehen Sie mit einem Taschenrechner in den Supermarkt. Sie werden feststellen, dass es viele Produkte gibt, die LowFett 30 sind – ohne als »schlank machend« oder »gesund« gekennzeichnet zu sein … andere dagegen sind trotz des Wer-

beversprechens, »schlank zu machen«, einfach zu fett.

Wenn Sie dann Ihre Vorräte bereinigt haben und alles dem LowFett 30-Prinzip entspricht, können Sie fast nichts mehr falsch machen. Der Einkauf ist deshalb die Eintrittskarte in eine gesündere Ernährung – und wenn Sie Ihre Einkäufe meistern, haben Sie schon ⅓ der Arbeit geschafft. Das richtige Kochen und die für Sie richtigen Mengen kriegen Sie dann auch schnell in den Griff.

Gewohnheitstiere beim Einkaufen

Untersuchungen zeigen, dass wir gewohnheitsmäßig immer die etwa 25 gleichen Lebensmittel einkaufen.

Gut, mal wählen wir eine Marmelade oder einen Joghurt mit Erdbeer- statt Himbeergeschmack … aber wir bleiben Supermärkten, Marken und Verpackungsgrößen ziemlich treu.

Wenn Sie es also schaffen, von Ihren 25 Produkten, die Sie gewohnheitsmäßig kaufen, 10 dauerhaft zu verbessern, haben Sie die Qualität Ihrer Ernährung um 40 % (!) gesteigert. Falls Sie also nicht alles falsch machen, befinden Sie sich nach einem LowFett 30-Tuning 100 %ig auf der Gewinnerspur.

Lernen Sie mehr über LowFett 30

Viele Krankenkassen übernehmen die Kosten. Im Internet gibt es unter www.lowfett.de verschiedene Ernährungskurse, von denen einige als Präventionsmaßnahme nach § 20 SGB V ganz oder teilweise erstattet werden. Alle BKKs, die Knappschaft oder Ersatzkassen wie die DAK übernehmen die Kosten für derartige Kurse. Falls Sie ganz sichergehen wollen, fragen Sie einfach vorher bei Ihrer Kasse nach. Hier lernen Sie in 12 Wochen weit mehr, als wir Ihnen in einem Buch beibringen können. Vor allem aber können Sie hier eine Ernährungsanalyse machen, die Ihnen durch eine »Austauschliste« schon beim nächsten Einkauf gute Dienste leisten wird. Ein Ernährungstagebuch und unser beliebtes »Schweinehundprogramm« runden unsere Online-Kurse ab.

Richtig einkaufen

Das, was man falsch eingekauft hat, kann man später nicht mehr richtig essen. Was bedeutet: Wer seine Einkäufe verbessert, verbessert seine Ernährung und die der anderen Familienmitglieder. Die beiden wichtigsten Regeln hatten wir schon:
- Kaufen Sie frische Produkte.
- Kaufen Sie natürlich fettarme Produkte bzw. wenden Sie die Fettformel an.

Lassen Sie uns die anderen Regeln, die wir schon kurz angesprochen hatten, noch einmal im Detail erläutern.

Zucker reduzieren

Reduktion des Zuckers in der Nahrung und damit auch in Getränken. Zucker ist weder »gut« noch »böse«. Zucker ist die konzentrierte Variante kurzkettiger Kohlenhydrate, die den Körper in Sekunden mit Energie versorgen können. Kohlenhydrate gehören wie Eiweiß oder Fett zu den »Makronährstoffen«, was so viel bedeutet wie »Grundbausteine« der Ernährung. Die Gesamtkalorien eines Lebensmittels sind die Summe der Kalorien der Makronährstoffe.

Beispiel: Eiweiß und Kohlenhydrate haben pro Gramm jeweils 4 Kalorien, Fett hat pro Gramm 9 Kalorien. Um also die Gesamtkalorien eines Lebensmittels zu errechnen, benötigt man die

▶ **Grafik zum Rechenbeispiel.**

Mengen an Kohlenhydraten, Eiweiß und Fett in Gramm. Dann multipliziert man die Menge des jeweiligen Makronährstoffes mit seinem jeweiligen Kalorienwert. Klingt jetzt kompliziert? Das Beispiel hilft Ihnen sicher beim Verständnis:

Ein Rezept hat:
- 50 Gramm Kohlenhydrate
- 20 Gramm Eiweiß
- 7 Gramm Fett

Nun werden diese Mengen mit den Kalorienwerten des jeweiligen Makronährstoffs multipliziert. Hier noch einmal die Kalorienwerte der Makronährstoffe:
- 1 Gramm Kohlenhydrate = 4 Kalorien
- 1 Gramm Eiweiß = 4 Kalorien
- 1 Gramm Fett = 9 Kalorien

Und jetzt wird damit gerechnet:
- 50 Gramm Kohlenhydrate × 4 Kalorien = 200 Kalorien
- 20 Gramm Eiweiß × 4 Kalorien = 80 Kalorien
- 7 Gramm Fett × 9 Kalorien = 63 Kalorien

Gesamtkalorien: = 343 Kalorien

Verteilt man die Werte auf eine Käsekuchengrafik, ergibt sich die Abbildung unten.

Möchten Sie nun wissen, ob das Rezept LowFett 30 ist, setzen Sie den Wert des Fettes und der Gesamtkalorien in die Fettformel ein:

$$\frac{7 \text{ g Fett} \times 9 \text{ kcal} \times 100}{343 \text{ kcal gesamt}} =$$

18,37 % der kcal aus Fett

Das heißt, dieses Rezept entspricht dem LowFett 30-Kriterium: »max. 30 % der Kalorien aus Fett«. Der erste Teil ist also geschafft.

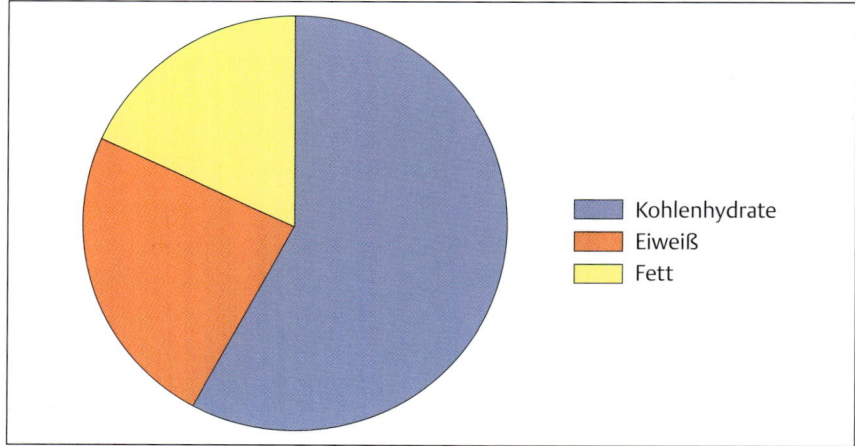

Kohlenhydrate
Eiweiß
Fett

Was aber ist mit dem Zucker?

Sind alle Kohlenhydrate gleich »Zucker«? Wenn wir von »Zucker« sprechen, meinen wir in aller Regel den üblichen Haushaltszucker, also weiße mehr oder minder feine Zuckerkörnchen, die beim Kochen und Backen eingesetzt werden.

Haushaltszucker besteht aus zwei Molekülen: ein Molekül Glucose und ein Molekül Fructose. Glucose ist der Basisbaustein der gängigen Kohlenhydrate, die aus »Ketten« einzelner Glucosebausteine bestehen. Bei der Verdauung machen die Enzyme beim »Zweifach-Zucker«-Molekül einmal »schnipp« und trennen das Pärchen in seine zwei Grundbausteine, beim Haushaltszucker in Glucose und Fructose. Diese stehen dem Körper nun direkt als Energie zur Verfügung.

Damit wir beim Genuss von fünf Stück Würfelzucker, einem Löffel Honig oder drei Bonbons keinen Zuckerschock erleiden, schüttet die Bauchspeicheldrüse Insulin aus, um die Zuckermenge im Blut im Zaum zu halten und nach oben abzupuffern. Je mehr reinen Zucker wir über die Nahrung in die Blutbahn schicken, umso »hektischer« reagiert die Bauchspeicheldrüse: Sie setzt im Falle einer Zuckerinvasion große Mengen Insulin frei, das den Zuckerspiegel rapide in den Keller drückt.

Der Genuss von konzentriertem Zucker sorgt in der Folge dafür, dass man schneller Hunger bekommt als wenn man die gleiche Kalorienmenge durch weniger Insulin ausschüttende Makro-nährstoffe (Kohlenhydratlieferanten mit hohem Anteil an unverdaubaren Ballaststoffen, Eiweiß …) gegessen hätte. Das heißt: Es ist bei der Auswahl der Nahrungsmittel auch wichtig, nicht solche »Insulin-Raketen« zu sich zu nehmen, was in der praktischen Umsetzung heißt: Essen Sie nur geringe Mengen an Süßigkeiten und vermeiden Sie generell und ausnahmslos Zucker in Getränken.

Mehr Ballaststoffe

Ballaststoffe sind die unverdaubaren Bestandteile von Nahrungsmitteln. Obst und Gemüse enthalten viele Ballaststoffe, ebenso Hülsenfrüchte und

▼ Isst man eine große Zuckerportion, wie sie beispielsweise in einem Schokoriegel enthalten ist, schnellt der Blutzuckerspiegel in die Höhe, fällt aber genauso rapide wieder in den Unterzuckerungsbereich, weil das Insulin kräftig gegensteuert.

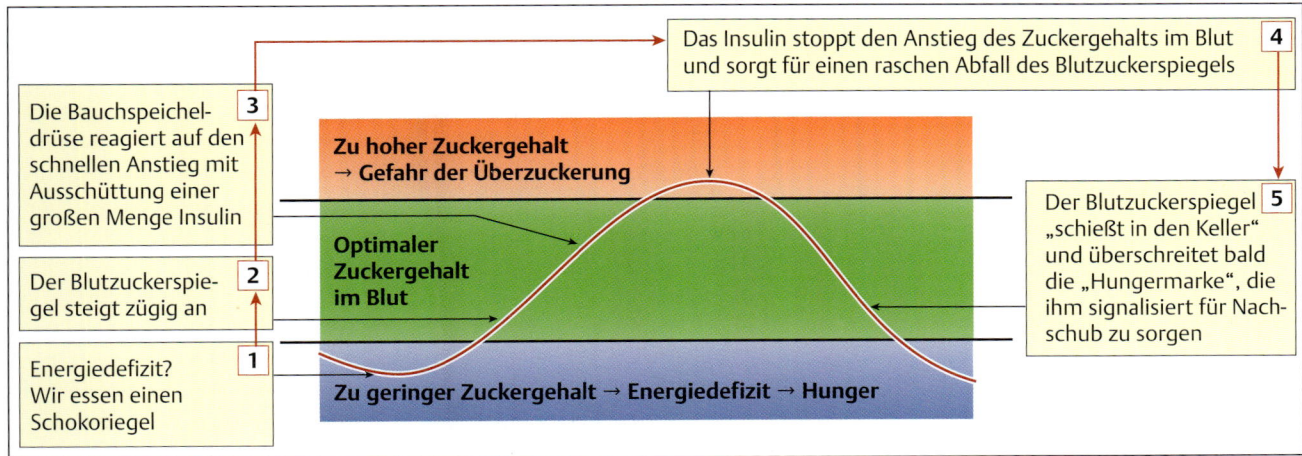

4 Das Insulin stoppt den Anstieg des Zuckergehalts im Blut und sorgt für einen raschen Abfall des Blutzuckerspiegels

3 Die Bauchspeicheldrüse reagiert auf den schnellen Anstieg mit Ausschüttung einer großen Menge Insulin

Zu hoher Zuckergehalt → Gefahr der Überzuckerung

Optimaler Zuckergehalt im Blut

2 Der Blutzuckerspiegel steigt zügig an

1 Energiedefizit? Wir essen einen Schokoriegel

Zu geringer Zuckergehalt → Energiedefizit → Hunger

5 Der Blutzuckerspiegel „schießt in den Keller" und überschreitet bald die „Hungermarke", die ihm signalisiert für Nachschub zu sorgen

Vollkornprodukte wie Vollkornbrot, ungesüßte Müslis, Vollkornnudeln oder Naturreis. Besonders einfach ist ein vermehrter Konsum an Ballaststoffen, wenn man seinem Müsli oder Joghurt noch Weizen- oder Haferkleie zugibt. Es gibt auch Knäckebrot mit extra erhöhtem Ballaststoffanteil – und auch Frühstücksflocken, die fast ausschließlich aus Ballaststoffen bestehen. Diese Kombinationen halten deutlich länger satt, weil einerseits der Blutzuckerspiegel viel langsamer (harmonischer) steigt und wieder abfällt und zweitens der Darm länger gefüllt bleibt.

Ballaststoffe senken zudem den Anteil des schlechten Cholesterins im Blut (das gilt ganz besonders für Haferkleie) und sorgen für eine »Innenpflege« des Darms.

Voraussetzung dafür ist aber, dass man mehr Flüssigkeit zu sich nimmt als bislang, weil Ballaststoffe Wasser zum Quellen benötigen. Bekommen sie das nicht, ärgern Sie sich über Verstopfung und Blähungen. Daher ist pro Esslöffel Ballaststoffkonzentrat (z.B. Kleie) eine zusätzliche Tasse Flüssigkeit notwendig.

Vitaminschonend lagern und verarbeiten

Wählen Sie regionales, saisonales Obst und Gemüse aus und verarbeiten Sie es bei niedrigen Temperaturen, am besten noch »bissfest« … und essen Sie auch viel frisches Obst und Gemüse. »Flugobst« und »LKW-Gemüse« hat schon mehrere Tage (teilweise Wochen in speziell begasten Containern) hinter sich – wodurch ein Teil der Vitamine bereits durch Sauerstoff, Feuchtigkeit und Licht zerstört wurde.

Unnatürliche Zusatzstoffe reduzieren

Unser Thema seit Jahren: Industriell gefertigte Nahrungsmittel enthalten jede Menge Zusatzstoffe, die zwar erlaubt sind, aber über deren Langzeitwirkung wir absolut nichts wissen. Wir wissen auch nicht, wie sich derartige Stoffe im Organismus von Kindern auswirken, die gemessen an ihrem Körpergewicht viel größere Mengen dieser Stoffe zu sich nehmen als wir. Keiner weiß, ob sich die Portion »Fertigpudding ohne Kochen« nicht doch negativ auf den 20-kg-Körper auswirkt. Mittlerweile diskutieren auch immer mehr Wissenschaftler den Zusammenhang zwischen Übergewicht und ADHS bei Kindern und Zusatzstoffen in der Nahrung.

Fakt ist, dass Kinder, die mit frischen Lebensmitteln versorgt werden, deutlich schlanker sind und nicht so häufig verhaltensauffällig. Was natürlich auch daran liegen kann, dass die Eltern, die sich die Mühe machen, für ihre Kinder frisch zu kochen, einen insgesamt »bekömmlicheren« Lebens- und Erziehungsstil verfolgen.

Unser Appell an dieser Stelle: Lesen Sie die Zutatenlisten der Lebensmittel und lernen Sie, was die Bezeichnungen bedeuten.

Entschleunigung

Kehren Sie zu geregelten Essenszeiten und in Ruhe eingenommenen Mahlzeiten zurück. Auch das hat was mit Entschleunigung und höherer Lebensqualität zu tun. Halten Sie drei Hauptmahlzeiten und zwei Snacks ein und naschen Sie nicht zwischendurch. Lassen Sie Ihre Organe mal zur Ruhe kommen, lassen Sie Hungergefühl zu. Hunger ist ein natürliches Signal, dass Ihr »Arbeitsspeicher« leer ist: Wenn er auftritt, sollten Sie etwas essen. Aber nicht vorher.

Sorgen Sie bei der Nahrungsaufnahme selbst für Ruhe (kein Fernseher im Hintergrund, keine laute Musik, keine Spielsachen auf dem Tisch, kein Essen im Stehen) und für angenehme Gespräche. Vorwürfe über eine verpatzte Mathearbeit haben auch noch Zeit bis nach dem Essen!

Trinken Sie mehr Mineralwasser

Mineralwasser zu trinken, ist eine Frage der Einstellung. Wasser ist nun einmal das natürlichste Getränk – deswegen sollten wir dafür sorgen, unseren Flüssigkeitsbedarf überwiegend mit Mineralwasser zu decken. Wer meint, dass Mineralwasser nach nichts schmeckt, kann sich mittels Blindverkostung selbst das Gegenteil beweisen. Schon der Kohlensäureanteil (Sprudelgrad) der Wassersorten sondiert das Feld. Dann spielt die Trinktemperatur eine große Rolle. Und dann kommt es natürlich auf die Sorte selbst an. Abgesehen von den großen nationalen Marken wie Gerolsteiner, Adelholzener oder Apollinaris gibt es auch Hunderte kleiner regionaler Mineralbrunnen, deren Wasser je nach Mineralisierung völlig unterschiedlich schmeckt.

Und was die aufputschenden Getränke angeht: Cola, Tee, Kaffee oder alkoholische Getränke sollten Sie behandeln wie ein Stück Kuchen oder ein Stück Schokolade. (Nur) in kleinen Portionen sind sie eine Bereicherung des Speiseplans, verwöhnen die Sinne und schaden auch nicht der Figur. Limonaden (dazu zählt auch Cola), Tee und Kaffee sollten Sie dennoch stets ohne Zucker in ihren »Zero«- oder »Light«-Varianten trinken.

Auswärts essen – natürlich LowFett 30

LowFett 30 ist ja nicht schwierig, aber wenn Sie ins Restaurant gehen, warten ganz besondere Herausforderungen auf Sie. Sie kennen weder die Zutaten, noch die Zubereitung und auch über die Größe der Portion können Sie nur spekulieren. Hier ein paar Tipps, wie Sie sicher durch die schwierigen Gewässer der Restaurants und Kantinen navigieren können.

Bei folgenden Gerichten haben Sie gute Chancen, sich nicht zu viel Fett einzuverleiben:

- Ordern Sie Steaks vom Grill (nicht aus der Pfanne) und ausdrücklich ohne Kräuterbutter. Dazu können Sie sich eine Folienkartoffel mit Quark genehmigen. Erkundigen Sie sich aber vorher, ob Sie die Kartoffel tatsächlich mit Quark und nicht mit saurer Sahne bekommen, Letztere wäre zu fett.
- Bestellen Sie Salate entweder ohne Dressing oder nur mit einer klassischen Vinaigrette aus Essig und Öl. Weiße Fertigsaucen (auch Joghurtsaucen!) sind nie LowFett 30. Sollten Sie Salat mit gebratener Putenbrust bestellen, essen Sie mindestens drei Scheiben Baguette dazu – dann bleiben Sie länger satt.
- Tafelspitz (wird leider selten angeboten) oder Ochsenbrust mit Wurzelgemüse sind gute Empfehlungen – entfernen Sie aber alles sichtbare Fett. Dazu passen Salzkartoffeln.
- An Fischgerichten können Sie essen: Forelle blau (findet man leider nur selten auf der Karte), gedünsteten oder pochierten Fisch.
- Nur gefüllte Nudeln enthalten Fett. Beim Italiener kommt es deswegen »nur« auf die Auswahl der Sauce an.

Finger weg von Carbonara- oder Käsesaucen, bevorzugen Sie Tomatensaucen z. B. Primavera, Vongole, Margarita, Arrabiata, Putanesca ... und was Sie sonst noch an Tomatenvarianten finden.

- Selbst Carpaccio vom Rind ist erlaubt, wenn Sie es ausdrücklich ohne Olivenöl bestellen und vom Parmesan nur ein paar Scheibchen essen, dafür ein Stück Baguette dazu.
- Pizza können Sie mit extra viel Teig bestellen und ganz wenig Käse. Als Belag eignen sich alle Gemüsesorten, gekochter Schinken, Ananas, Spinat und Krabben. Thunfisch ist leider ungeeignet, da er beim Italiener in der Regel aus der Dose stammt, eingelegt in Öl. Das gilt blöderweise meistens auch für den Knoblauch! Also Hände weg davon.
- Beim Japaner (Sushi, Sashimi, Chirashi) ist es einfach, und auch in vietnamesischen und indonesischen Restaurants ist das Angebot an LowFett 30-Gerichten groß, wenn Sie sich auf Fleisch mit Gemüse oder Fisch beschränken.
- Anders beim Chinesen: Hier wird nur selten fettarm gekocht. Selbst vegetarische Gerichte oder Rindfleisch süßsauer kommen mit zu viel Fett auf den

Tisch. Hinterfragen Sie Angebote von »leichten« Gerichten auf der Tageskarte: Der absolute Knüller war für uns »Gebackener Camembert mit Preiselbeeren« unter der Rubrik »Schonkost«.

Setzen Sie auf Beilagen

Wenn das Fleisch sehr fett ist, wenn der Salat in Öl schwimmt oder das Buffet aus überwiegend ungeeigneten Arrangements besteht, hilft der Beilagentrick: Essen Sie zu dem fetten Angebot einfach ein Stück Brot, etwas Reis oder Nudeln, die nicht in Butter geschwenkt wurden. Auch Kartoffeln (nicht mit Butter »verfeinert«, nicht gebraten und schon gar nicht gratiniert oder frittiert) sind geeignet. Essen Sie etwas mehr Brot vorab, dann

haben Sie schon nicht mehr so einen Riesenhunger – und können so auf einen Teil des fettreichen Angebotes auch leicht verzichten. Natürlich: Wenn es gleichzeitig fettarme Varianten gibt, dann nehmen Sie besser die!

Weitere Tipps für Ihre Bestellung im Restaurant

- Nutzen Sie Angebote wie Asia-Wochen mit frischer Küche aus dem Wok – meckern Sie, wenn Gerichte zu fett sind.
- Bevorzugen Sie Restaurants mit Buffet – hier können Sie Menge und Auswahl selbst bestimmen.
- Vorspeisen: Bei Gemüse können Sie bedenkenlos zugreifen. (Achtung bei Antipasti: Auch wenn es noch so lecker schmeckt. Sie sind zumeist in Öl eingelegt und daher sehr fettig.)
- Krustentiere mit Mayonnaise-Sauce sollten Sie meiden.
- »Vegetarisch« bedeutet nicht automatisch fettarm! In vegetarischen Brotaufstrichen – aber auch in Aufläufen und Bratlingen – ist viel zu viel Fett enthalten.
- Wählen Sie nur dann ein Dessert, wenn es sich um eine Joghurt-/Quarkspeise, frisches Obst oder ein Fruchtsorbet handelt. Oft tut's auch ein einfacher Espresso.

Hamburger

Ein Hinweis für Leute mit McMania: Ein normaler Hamburger hat nur 31,5 % der Kilokalorien aus Fett, der Hamburger mit Fisch dagegen 55 %, der vegetarische liegt ähnlich hoch. Es ist also besser, sich an den Hamburgern satt zu essen. Bei den Wraps lohnt es sich, die Nährwerte zu studieren. Hier sind immer wieder

LowFett 30-Varianten dabei. Das Eis (ohne Flurry) ist auch LowFett 30 – sogar mit Schokosoße. Bei längeren Geschäftsreisen deswegen besser zu »Mäckes« gehen, als sich mal eben eine Bockwurst mit Brot zu genehmigen.

Döner- und Pommesbude

Es gibt mittlerweile Döner mit Kalbfleisch in Fladenbrot. Wir haben das durchgerechnet, es liegt selbst mit einem Suppenlöffel Tzatziki unter 30 % der kcal aus Fett. Ganz sicher kann man sein, wenn man viel Salat in die Dönertasche packen lässt. Ihr Mann isst gerne scharf? Dann sollte er unbedingt das scharfe Streugewürz ausprobieren, das viele türkische Imbissbuden anbieten. Dass ein Kalbfleisch-Döner kein solcher »Hammer« ist, merkt man u. a. daran, dass der Saft, der aus dem Döner läuft, nur ganz leicht fettig ist. Die Hühnerfleisch-Döner dagegen

strotzen vor Fett. Für Döner mit Hammel- oder Lammfleisch gilt das sowieso. Ihre Kollegen holen Fritten und Currywurst, gebackene Fleischrollen und Frickos aus der Pommesbude? Kriegen Sie einen Oscar-verdächtigen Migräneanfall und lassen Sie sich krank schreiben … oder scheren Sie aus der Reihe aus und holen sich ein frisches Brötchen mit Schinken vom Bäcker.

Büro-Kekse

Was immer man Ihnen anbietet an Keksen: Die erreichen fast alle einen %-Anteil der kcal aus Fett über 50 % – also eindeutig zu viel! Regen Sie in Ihrem Unternehmen an, dass statt der üblichen »bunten Mischung« an Besprechungskeksen frisches Obst und LowFett 30-Süßigkeiten auf den Tisch kommen (Butterkekse, Gummibärchen, After Eight, Schokolinsen (Piasten) – um nur einige zu nennen). Diese Alternative ist nicht einen Cent teurer – aber 100 % gesünder.

Vorsicht bei Nudelgerichten vom Lieferservice

Zum einen ist es weit verbreitet, eine dicke Schicht Käse auf die Nudelportion zu quetschen, zum anderen sind die Saucen bis auf Tomatensauce nie LowFett 30. Und überbackene Nudelgerichte (Cannelloni, Lasagne, überbackene Tortellini und alle sonstigen »al forno«-Varianten) können Sie komplett vergessen. Machen Sie diese besser nach unseren Rezepten zu Hause. Komplett abhaken können Sie: Tacos, Nachos, gebackenes Knoblauchbaguette, Chicken Wings, Spare Ribs, Formaggi-Variationen und Salate wie Capricciosa, Nicoise oder Thunfischsalat.

Richtig gut kochen

Wer lesen kann, der kann auch nach LowFett 30 kochen. Das ist unsere feste Überzeugung, und damit das gelingt, sind unsere Rezepte einfach. Die Zutaten dazu erhalten Sie in jedem einigermaßen gut sortierten Supermarkt. Bei der Auswahl der Lebensmittel haben Sie schon die Fettformel kennengelernt und Sie achten jetzt auch auf natürliche Lebensmittel.

LowFett 30-Einkaufszettel. Jetzt geht es darum, den richtigen Grundstock an Lebensmitteln im Haus zu haben, damit Sie nicht für jede Mahlzeit vorher zum Einkaufen rennen müssen. Die in der Tabelle genannten Grundnahrungsmittel sollten Sie immer im Haus haben. Nachdem Sie Ihre Vorratskammer und den Kühlschrank »ausgemistet« haben, sollten Sie sich Gedanken über Ihren nächsten Einkauf machen.

Wenn Sie diese Basisprodukte im Haus haben, benötigen Sie nur noch das ein oder andere »Special« für ein Rezept. Das Gleiche machen Sie mit Ihrem Tiefkühler und Ihren Vorratsschränken.

Dann sind Sie für alle Hungerattacken und plötzlichen Gäste gerüstet. Entscheidend ist, dass Sie bereits beim Einkaufen mit dem Einsparen von Fett anfangen. Nicht erst beim Kochen. Denn was Sie im Haus haben, werden Sie auch essen. Übernehmen Sie die Verantwortung für das, was in Ihrem Haushalt eingekauft wird, dann ist der Rest, das Kochen und Zubereiten, nur noch ein Klacks. Am Samstag haben Sie wahrscheinlich mehr Zeit, um einkaufen zu gehen. Nehmen Sie sich also spätestens am Freitagabend unsere LowFett 30-Nährwertetabelle zur Hand und durchleuchten Sie erst einmal Ihren Kühlschrank.

Für die meisten Rezepte benötigen Sie folgende Grundnahrungsmittel:

Frühstück	▪ Vollwertbrot (ohne Nüsse und Samen)
	▪ Müsli (Vorsicht: nur LowFett 30-Müsli kaufen!)
	▪ 1,5 %ige Milch
	▪ Magerjogurt (der cremige schmeckt meist besser)
	▪ Magerquark (»natur« plus frisches Obst ist gesünder als gezuckerte Varianten)
	▪ frisches Obst (Melone, Äpfel, Orangen, Mandarinen, Pflaumen, Beeren, Feigen, Birnen …)
Hauptgerichte	▪ Reis, Nudeln, Kartoffeln
	▪ Tiefkühl-Pommes (Backofen)
	▪ Salat und Gemüse (frisch)
	▪ Tiefkühlgemüse
	▪ passierte Tomaten
	▪ Tomatenmark
	▪ Saucenbinder
	▪ Suppengemüse (frisch, raspeln, einfrieren … gut zum Saucenbinden)
	▪ Filetfleisch
	▪ Wild
	▪ Geflügel ohne Haut
	▪ Fisch und Meerestiere
	▪ Zwiebeln, Knoblauch und sonstige Gewürze
	▪ TK-Kräuter

Fertiggerichte zum Aufpeppen	Achtung: **nur** LowFett 30-Varianten einkaufen: ▪ Pizza und Pizza-Baguette (einfach ein paar andere geeignete Gemüsesorten dazugeben …) ▪ LowFett 30-Suppen … plus frisches Gemüse, Zwiebelwürfel, Schnittlauch … ▪ Tiefkühlgerichte (frisches Gemüse zugeben, pikant würzen …) ▪ fertige Risottos (auch Bio-Tütengerichte) mit frischem Gemüse »aufrüsten« ▪ Gnocchi (plus Gemüse, Filetfleisch …)
Abendessen	▪ Brot ▪ Tomatenmark, Senf ▪ gekochter Schinken, Putenbrust oder Lachsschinken ▪ Thunfisch in Wasser ▪ Salat ▪ Gewürzgurken ▪ geräucherte Forelle ▪ fertige Suppen ▪ fettarme Reischips (zum Knabbern) ▪ Salzstangen
Süßigkeiten, süße Snacks	▪ Solero Exotic Eis ▪ Tiefkühl-Obstkuchen (bofrost) ▪ Blaubeer-Pfannkuchen (TK/bofrost) ▪ Piasten Schokolinsen ▪ After Eight ▪ Super-Dickmanns (groß) ▪ Smarties (groß) ▪ selbst gemachte Muffins (einzelne Stücke einfrieren) ▪ selbst gemachter Kuchen (einzelne Stücke einfrieren!)
für den Wok	▪ Zitronengras (frisch kaufen, in Stücken einfrieren) ▪ Zitronenblätter (einfrieren) ▪ Ingwer (geschält, in Stücken einfrieren) ▪ Galgant (geschält, in Stücken einfrieren) ▪ grünes/rotes Curry ▪ Sojasauce (normal und süß) ▪ Fischsauce ▪ Hühnchenfilets (TK) ▪ Scampis (TK)

Alle Produkte, die Sie da finden, sollten Sie in unserer Nährwertetabelle oder mithilfe des Fett-Kalkulators überprüfen. Wenn Sie nicht LowFett 30 sind, legen Sie ein kleines Zettelchen in diese Seite ein und nehmen das Produkt aus dem Kühlschrank. Ihre Mutter freut sich vielleicht darüber oder Ihre superschlanke Freundin … **Sie** trennen sich besser davon.

Für alle Lebensmittel gilt.

▪ Kaufen Sie Lebensmittel möglichst naturbelassen und ohne Zusatzstoffe (wenn Sie keine Zeit zum Suchen haben, wählen Sie die Bio-Varianten, denn hier darf weit weniger zugegeben werden als in »normalen« Supermarktprodukten).

▪ Kaufen Sie die fettarmen Varianten der Lebensmittel und rechnen Sie die Nährwerte mithilfe der Fettformel nach.

▪ Kaufen Sie eher kleine Gebinde – zum einen werfen Sie nicht so viel weg, zum anderen essen Sie nicht über Ihren Bedarf.

So gelingen auch Klassiker.
Jeder hat einige Lieblingsrezepte im Kopf. Das kann das Gulasch nach Mutters Rezept sein – oder die Käse-Sahne von Tante Evelyn. Natürlich ist es nicht möglich, jedes beliebige Rezept auf LowFett 30-Kurs zu bringen. Aber mit ein paar kleinen Tricks, die Sie in der LowFett 30-Austauschliste finden, verschlanken Sie weit mehr Rezepte, als Sie jetzt vielleicht für möglich halten.

Die LowFett 30-Austauschliste

meiden	austauschen durch	das bringt's
Mayonnaise	Joghurt + Balsamicoessig	Wenn Sie cremigen 1,5 %igen Joghurt mit Balsamicoessig und etwas Süßstoff mischen, kommen Sie dem normalen Mayonnaise-Geschmack verdammt nahe: Im Kartoffelsalat oder Nudelsalat fällt die Veränderung nur wirklichen Gourmets auf – und denen schmeckt es in aller Regel sogar besser. Ersparnis: pro Esslöffel 10 Gramm Fett = 90 kcal!
Butter, Margarine als Brotaufstrich	Magerquark Tomatenmark Senf	Unter Marmelade und Obst schmeckt Magerquark super, und unter Putenbrust, Lachsschinken und Roastbeef haben sich Tomatenmark und Senf bewährt. Ersparnis pro Aufstrich: 10 – 20 g Fett
Vollmilch	1,5 %ige Milch	Pro Glas (250 ml) sparen Sie fast 6 Gramm Fett; die Milch ist auch für Kinder besser. Jedes 4. Kind ist bei der Einschulung bereits übergewichtig.
Frittierpommes	fettarme Backofen-pommes (bis 5 % Fett)	Pro 100 Gramm Pommes sparen Sie je nach Frittiermethode ab 25 Gramm aufwärts.
Schokolade	Schokolinsen After Eight (große) Smarties Super-Dickmanns	Diese LowFett 30-Süßigkeiten helfen Ihnen über die »Schokoladegier« hinweg. Die wird aber mit fettarmem Essen auch weniger. Und bis dahin können Sie sich beim Thema Süßigkeiten entspannen. Aber: Aufhören, wenn Sie satt sind!
Aal, Karpfen, Schillerlocken, geräucherter Seefisch	geräucherte Forelle, Lachs, Makrele (frisch), Lotte, See-lachs, Rotbarsch, Dorsch …	Wenn Fisch, dann nach Möglichkeit Seefisch (wegen der essenziellen Fette), wenn geräucherter Fisch, dann geräucherte Forelle, die hat genau 30 % der kcal aus Fett! Fisch mindestens zweimal pro Woche!
Croissants	Brötchen, Vollwertbrot	Mit einem Brötchen sparen Sie 13 Gramm Fett.

meiden	austauschen durch	das bringt's
Mürbeteig Blätterteig	Hefeteig Rührkuchen auf Joghurt-Basis	Saftige Obstkuchen (z. B. Apfelkuchen) brauchen wirklich keinen fetten Mürbeteig, damit sie schmecken. Und Blätterteig kann man sich gut verkneifen, wenn man weiß, dass er pro 100 Gramm ca. 28 g Fett enthält.
(Billig-) Sonnenblumenöl	kalt gepresste Pflanzenöle	Wichtig: Beim Erhitzen von Ölen bilden sich Transfettsäuren. Kaufen Sie nur kalt gepresste, hochwertigste (!) Öle in kleinen Mengen und dosieren Sie sparsam (z. B. im Salat). Der Körper braucht Fett, aber nicht viel und wenn, dann bitte so hochwertig wie möglich.
Käse	Sauermilchkäse	Gönnen Sie sich entweder einmal im Monat eine echte Käse-Orgie … oder legen Sie wenig Magerkäse auf viel Brot. Sauermilchkäse ist sogar komplett fettfrei!
Delikatesssalate	als fertige Salate gibt es keinen Ersatz	Da müssen Sie jetzt selbst kreativ werden. Unsere Rezeptbücher helfen Ihnen dabei, ebenso die Hinweise auf unserer Internetseite.
Oliven	kein Ersatz	… außer Peperoni (in Sud, nicht in Öl!) tun's auch … oder aber Kapern, Mixed Pickles, Gewürzgurken …
Eier	kein Ersatz	Aber oft reicht es für Backrezepte aus, wenn man 2 oder 3 Dotter weniger nimmt, das (fettfreie!) Eiweiß aber trotzdem verwendet. Ein Dotter hat rund 7 Gramm Fett.
Fertigsaucen weiß	Fertigsaucen (knall-)rot	Weiße Pünktchen in roten Saucen sind immer ein Indiz für verwendetes Pflanzenöl. Schauen Sie sich das Zutatenverzeichnis auf der Packung genau an. Wenn Pflanzenöl draufsteht, entscheiden Sie sich besser für eine andere Sorte!
Cola, Limonaden	Light-Varianten von Cola und Limo	Ständig gezuckerte Getränke zu sich zu nehmen, ist einfach schlecht für die Bauchspeicheldrüse. Wenn Sie Mineralwasser partout nichts ab- gewinnen können, weichen Sie zumindest konsequent auf zuckerfreie Getränke aus.
alkoholische Getränke	kein Ersatz	Wenn Sie nicht total auf Wein oder Bier verzichten wollen, limitieren Sie Ihren wöchentlichen Alkoholkonsum auf 1000 Kalorien. Das ist genug für den Genuss und zu wenig für die Sucht.

Die »schlanke« Küchenausrüstung

Natürlich kann man in jeder Küche LowFett 30 kochen und backen. Doch durch das fehlende Fett setzen Backwaren leichter in ihren Formen an und Fisch und Fleisch verbinden sich innig mit billigen Pfannen. Deswegen brauchen wir intelligente Helfer:

- Eine erstklassig beschichtete Pfanne, die es von nahezu allen führenden Herstellern gibt, gehört deshalb an Platz 1. Wir raten zu Schmorpfannen mit hohem Rand, mit denen Sie nicht nur Fleisch und Fisch braten können, sondern in denen sich mühelos Risottos und Nudelgerichte zubereiten lassen.
- Backspray (z. B. von PAMs), mit dem man Backformen einsprühen kann, damit der Teig nicht in der Form kleben bleibt. Dieses Backspray funktioniert sogar bei komplizierten filigranen Backformen wie »Weihnachtskränzen«, »Burgen« oder »Rennautos«.
- Backpapier oder Backalufolie eignen sich ebenfalls, um Ihren Kuchen gegen Ankleben und Anbacken zu schützen. Mit diesen Folien kann man auch gut Backbleche auslegen, wenn man Hühnchenspieße oder Hackbällchen fettfrei im Backofen zubereiten will (z. B. für Partys).
- Ein Stabmixer hilft Ihnen, aus Brühe mit Gemüse tolle Suppen zu zaubern, verwandelt »diverse Zutaten« eines Bratens zu einer sämigen Sauce (ganz ohne Fett, versteht sich) und verleiht einem selbst gemachten Kartoffelpüree die samtige Konsistenz.
- Eine Küchenmaschine, die hobeln, raspeln, rühren, schlagen und mixen kann. Wer hier billig kauft, kauft mittelfristig immer zu teuer, denn für die Scheiben brauchen Sie eine Nachkaufgarantie (ebenso für die passenden Schüsseln) – und außerdem machen 1 600 Watt gegenüber 300 Watt schon einen gewaltigen Unterschied, wenn Sie mal 2 kg Hefeteig verarbeiten wollen.
- Genügend Schneidebretter und scharfe Messer.
- Ein, zwei wirklich gute Töpfe, damit sich nicht jeder Kochversuch erst nach langem Kratzen aus dem Topf entfernen lässt. Und achten Sie darauf, dass die Griffe niemals heiß werden. Griffe aus »Kalt-Stahl« bedeuten nämlich absolut nicht, dass die Griffe kalt bleiben!

So sparen Sie Fett ein

Die Dosis macht das Gift. Natürlich kann man auch Sahne und Speck, Eier und Olivenöl zum Kochen verwenden, aber auf die Mengenverhältnisse kommt es an. Fette Grundprodukte verwenden wir so sparsam wie Gewürze, und Sie werden feststellen, dass das völlig ausreicht. Bei allem sichtbaren Fett sparen, wie Butter, Margarine, Öl. Auch Halbfettmargarinen sind aus Fett, sie sind jedoch ein guter Fetteinsparer. Bei Ölflaschen sollten Sie feine »Tröpfchen-Dosierer« verwenden.

Fleisch

Beim Fleisch greifen wir zu den mageren Sorten: Filet, Schnitzel- und Rouladenfleisch, Roastbeef, Hühnchenbrust und einige Innereien sind LowFett 30 … auch magerer Kochschinken, Lachsschinken und fettfreier geräucherter Schinken. Genau genommen sind alle Produkte aus Muskelfleisch so wie das Muskelfleisch selbst für die LowFett 30-Ernährung geeignet. Das reine Muskelfleisch von Schwein, Rind, Kalb und Lamm hat kaum Fett. Und natürlich alles Muskelfleisch vom Wild, wie Rehrücken, Wildschweinrücken oder Hasenkeulen.

FETTSPAR-TIPPS

Fettarme Zubereitungsarten

- dünsten
- kochen ohne Fett
- grillen
- dampfgaren
- braten auf der Bratfolie
- Römertopf und Dampfdrucktopf

Alle anderen Fleischstücke wie Beinscheiben, Halsgrat, Koteletts und Haxen sind entschieden zu fett. Und bei weiter verarbeitetem Fleisch wie Rollbraten, Hackfleisch, Würstchen und eingelegtem Geschnetzelten bewegen wir uns weit jenseits dessen, was man eventuell noch durch eine fettarme Verarbeitung in den Bereich von LowFett 30 trimmen könnte. Die »extra-magere« Bratwurst Ihres Metzgers hat immer noch 80 % der Kilokalorien aus Fett … nur Tatar (also reines Muskelfleisch vom Rind) ist LowFett 30. Alles andere ist tabu.

Die Panade saugt beim Braten oder Frittieren viel Fett auf und macht aus jedem Fleisch ein fettreiches Gericht. Es gibt aber bei bereits panierten Produkten die Möglichkeit, diese im Backofen oder in einer »ActiFry« (ein Heißluftgerät zum nahezu fettfreien Frittieren) zuzubereiten.

Marinaden

Für das Marinieren heller Fleischsorten wie Pute oder Hähnchen eignen sich Soja- und Teriyaki-Sauce (ohne Geschmacksverstärker sind die Soja-Saucen von Kikkoman). Rindfleisch kann Schärfe gut vertragen: Probieren Sie einmal eine Mischung aus Tabasco und Rotwein, das schmeckt sehr interessant. Schwein versteht sich prächtig mit dunklem Bier. Bei Fisch reicht es aus, ihn in einem Kräuterbett (Dill oder Basilikum, mit Zitronenscheiben) im Kühlschrank aufzubewahren und ihn vor der Zubereitung mit Zitronensaft zu beträufeln.

Geräucherter Fisch

Er ist in aller Regel nicht LowFett 30. Die einzige Ausnahme ist geräucherte Forelle mit genau 30 % der Kilokalorien aus Fett. Sie ist ein guter Eiweißlieferant – aber leider kein Lieferant von essenziellen Fetten.

Tierische Fette

Essen Sie weniger Nahrungsmittel, die tierische Fette enthalten. Essen Sie weniger fettes Fleisch, weniger Käse, weniger Wurst und schränken Sie den Konsum fetter Milchprodukte ein (Butter, Sahne, Crème fraîche und alle Produkte, die daraus hergestellt werden). Wer auf Butter nicht ganz verzichten will, der sollte sie erst weich werden lassen – so lässt sie sich ganz dünn aufs Brot streichen.

So lesen Sie das Zutatenverzeichnis richtig

Das, was an erster Stelle steht, ist am meisten (in Gramm) in der Rezeptur vorhanden. Suchen Sie also Produkte, deren erste Zutaten LowFett 30 sind: Gemüse, Obst, Kohlenhydrate, mageres Fleisch … Nur bei Produkten mit hohem Gemüseanteil ohne zusätzliche Kohlenhydrate kann es sein, dass das Produkt dann doch noch vom Fett »überholt« wird; bei Rohkostsalaten (z. B. Weißkohlsalat) zum Beispiel ist das recht häufig der Fall. Gemüsekonserven sollten Sie deshalb nur dann

auswählen, wenn definitiv kein Pflanzenöl im Zutatenverzeichnis auftaucht!

Lesen Sie das Zutatenverzeichnis stets zu Ende: Je kürzer es ist, umso besser für Sie!

25

FETTSPAR-TIPPS

Hüten Sie sich vor allem, was weiß ist!

Sahne ist weiß. Käse ist (fast) weiß. Fettränder sind weiß. Wurst ist (zu) weiß. Erkaltetes Fett ist weiß. Immer dann, wenn Sie auf weiße Produkte treffen (also Joghurt-Dressings, Remouladen, was auch immer) ist höchste Vorsicht geboten. Denn meistens ist weiß (außer bei Kohlenhydraten wie Reis oder Nudeln) ein Zeichen für die Beimengung von Fett. Besonders gut können Sie den Unterschied erkennen, wenn Sie sich Fertigtomatensaucen aus dem Supermarkt ansehen und die Nährwerte kontrollieren. Wenn kleine graue Pünktchen in der Sauce auszumachen sind, können Sie davon ausgehen, dass im Zutatenverzeichnis »Pflanzenöl« auftaucht. Bei knallroten Tomatensaucen werden Sie diesen Hinweis kaum finden.

wird durch die Zugabe von Farbstoffen oder Melasse dunkel … und nur selten, weil da irgendwas »Vollwertiges« drin ist!)

Vorsicht bei »Pfannengemüse«

Es gibt Gemüsemischungen, die sind so vorbereitet, dass man sie nur noch in der Pfanne fertig garen muss. Die haben auch sehr gesunde Namen, wenn Sie aber auf das Zutatenverzeichnis gucken, werden Sie feststellen, dass dort »Pflanzenmargarine« oder »Pflanzenöl« oder Ähnliches auftaucht. Das Fett wird nämlich benötigt, um die jeweiligen Würzmischungen an den Kohl oder an die Bohnen zu binden. Leider immer zu viel, als dass das jeweilige Produkt danach noch LowFett 30 wäre.

Machen Sie sich den Spaß und wiegen Sie mal so ein Margarine-Klötzchen. So ca. 20 g? Das wären 180 Kalorien. Sie müssen dann mindestens 400 g Kartoffeln dazu essen oder 100 g Nudeln, damit das »Gesamtwerk« unter 30 % der Kalorien aus Fett rutscht.

Besser ist es, das Gemüse ohne Fett zu kaufen und es selbst zuzubereiten, zum Beispiel mit einer feurigen Tomatensoße oder mit einer Soja-Currypastenmischung … vielleicht mit einem Schuss Gemüsebrühe. Das hat dann gar kein Fett – und schmeckt genau so, wie Sie es gerne mögen.

»Bio« ist absolut sinnvoll …

Aber »Bio-Käse«, Bio-Kuchen oder Bio-Fleisch ist genauso fetthaltig wie normaler Käse oder normaler Kuchen. (Oft genug ist Bio-Kuchen noch fetter wegen des hohen Anteils an Nüssen!) Der Unterschied liegt nur in der kontrollierten Gewinnung, der biologischen Aufzucht bzw. Herstellung.

Nicht einmal auf die allseits beliebten »Körnerbrötchen« ist Verlass: Das sind

nämlich in aller Regel keine »Körner« (= Getreide!), sondern viel mehr »Saaten« (also Öllieferanten wie Sesam, Kürbis, Leinsamen oder Sonnenblumen), die einzeln auf der Kruste kleben. Wenn Sie bei Brot ganz sichergehen wollen, backen Sie es (z. B. in einem Brotback-Automaten) mit grob gemahlenem vollwertigem Getreide selbst – oder kaufen Sie es im Bioladen. Aber bitte **ohne** Kerne – denn die liefern unnötig viel Fett. (Ach so: Der braune Teig beim normalen »Körnerbrötchen«

Ohne Fett geht's auch nicht!

Unser Körper braucht ungesättigte Fettsäuren. Diese Fettsäuren sind essenziell, das heißt lebensnotwendig, und da unser Organismus sie nicht bilden kann, müssen wir sie von außen zuführen. Dazu reichen aber kleine Mengen bzw. Portionen in Form von

- Nüssen (außer Kokosnuss!), ungeröstet und ungesalzen
- kalt gepressten Ölen (zum Beispiel Olivenöl, Rapsöl, Weizenkeimöl – zwei bis vier Mokkalöffelchen)
- Avocados und
- Seefisch, im Idealfall zweimal pro Woche

Dabei sollten Sie über die Woche verteilt etwa gleich viel einfach und mehrfach ungesättigte Fettsäuren zu sich nehmen: also heute ein Fischgericht, morgen hochwertiges Salatöl …

Öle und ihre Fettsäuren-Zusammensetzung

Öle mit überwiegend einfach ungesättigten Fettsäuren:
- Rapsöl (56%)
- Olivenöl (74%)

Öle mit überwiegend mehrfach ungesättigten Fettsäuren:
- Kürbiskernöl (51%)
- Maiskeimöl (53%)
- Weizenkeimöl (62% – der höchste Anteil an Vitamin E bei den Ölen!)
- Sonnenblumenöl (63,5%)

- Traubenkernöl (66%)
- Walnussöl (71%)
- Leinöl (72%)

Öle mit einer ausgewogenen Verteilung von einfach und mehrfach ungesättigten Fettsäuren:
- Sesamöl (42 bis 44%)
- Rapsöl (56 bis 31%
- Sonnenblumenöl (24 bis 63,5%)

▶ **Seefisch enthält wertvolle Omega-3- und Omega-6-Fettsäuren und sollte daher am besten mehrmals pro Woche auf dem Speiseplan stehen.**

Bei Fertig-Müsli genau hinschauen

Müsli sollten Sie beim Einkaufen generell genau unter die Lupe nehmen. Viele Müslisorten werden von den Herstellern »geclustert«, also mit Zucker, aber auch mit Fett »verpappt«, damit sieht das Müsli dann leckerer und nicht so bio-mäßig aus. Doch bei genauem Hinsehen können Sie da Ihr blaues Wunder erleben. Es gibt Müslis, die beziehen bis zu 45 % ihrer Kalorien aus Fett. Und bei »davon Zucker« finden Sie zweistellige Zahlen. Erkennen können Sie das schon daran, dass normale Flocken relativ hell und auch leicht sind. Geröstete Flocken aber haben nicht nur eine dunklere Farbe, sie sind auch meistens schon viel schwerer und kompakter als eine vergleichbare Menge unbehandelter Flocken.

Müsli verursacht bei Ihnen Blähungen?

Das kann daran liegen, dass das Müsli gezuckert ist bzw. dass Sie Zucker oder Honig zugeben. Denn der Zucker wird vom Körper schneller aufgenommen … was dazu führt, dass die ballaststoffreichen Getreideflocken im Darm anfangen zu gären. Falls Sie damit Probleme haben, essen Sie wirklich zuckerfreie und unbehandelte Müslis und essen Sie die ersten Miniportionen zu Ihrem normalen Frühstück dazu. Wenn der Blähbauch ausbleibt, können Sie die Dosis langsam steigern. Da Obst auch Zucker enthält, sollten Sie für den Anfang auch kein Obst zugeben. Eine

Banane im Müsli hat den gleichen Effekt wie zwei Löffel Zucker.

Wer sehr empfindlich ist, kann das Müsli auch über Nacht quellen lassen oder aber ein »Päppchen« aus Haferkleie zubereiten: Dazu einfach kochendes Wasser über die Haferkleie geben, kräftig durchrühren und ausquellen lassen. Wundern Sie sich nicht darüber, wie viel Wasser da verschwindet. Wenn Sie mit dem Wasser zu sparsam sind, können Sie mit dem Haferpapp die Wände gipsen. Das führt uns auch zu dem zweiten Punkt im Zusammenhang mit Vollwertgetreide: Vergessen Sie die Flüssigkeitszufuhr nicht. Trinken Sie viel, viel Wasser dazu oder Früchtetee zum Frühstück. Dann stopfen und blähen die Frühstücksmüslis auch nicht. Diese Haferkleie-Breichen sind perfekt für alle, die leicht frieren, denn sie wärmen wunderbar.

Süßigkeiten und Knabberspaß

Es gibt tatsächlich Süßigkeiten, die LowFett 30 sind und die man sich nicht verkneifen muss, wenn man auf LowFett 30 umsteigt. Aber auch beim Genuss von Süßigkeiten und Knabberartikeln gelten die eingangs genannten Regeln. Viele Verbraucher können es gar nicht glauben, dass man sich mit Süßigkeiten vollstopfen könnte und dennoch abnehmen würde. Nicht zu Unrecht: Denn man sollte sich keinesfalls mit Süßigkeiten vollstopfen, nur weil sie LowFett 30 sind.

Dennoch: Ja, man darf LowFett 30-Süßigkeiten essen, aber nicht pausenlos und vor allem nicht mehr als vorher.

Wenn jedoch der Appetit auf Süßigkeiten mal wieder so richtig heftig ist, dann gibt es eine ganze Reihe von Naschkatzenfutter, das wir Ihnen hier vorstellen wollen. Erlaubt sind:

- Die großen (!) Smarties (richtig, es gibt zwei Sorten). Die großen sind in den Rollen drin. Greifen Sie also zu den Rollen, der Inhalt ist LowFett 30.
- After Eight sind ebenfalls LowFett 30. Aber nicht der After Eight Nikolaus und auch nicht die After Eight Pralinenmischung.
- Schokolinsen, die mit Pfefferminzhülle in Rosa und Weiß.
- Super-Dickmanns, aber nur die großen. Klar, denn bei den kleinen ist das Verhältnis von Schaumfüllung zu Schokohülle deutlich anders.
- Auch Schaumwaffeln (mit wenig oder gänzlich ohne Schokolade) sind LowFett 30.
- Alle Gummibärchen, Teufelchen, Colaflaschen, weißen Mäuse, Maoam, saure Fritten, also das gesamte Sortiment Gummiwaren.
- Bahlsen Butterkekse, Bahlsen Zoo und Bahlsen Russisch Brot (die Buchstaben-Kekse!) sind LowFett 30.

- Die Erfrischungsstäbchen von Sprengel (in den Kühlschrank legen, dann sind sie noch köstlicher!).
- Geleefrüchte, Fondanteier, Marshmallows.
- Folgende Eissorten: McSundae Eis von McDonald's (auch die mit Sauce, aber nicht McFlurry!), Schoeller Mövenpick z. B. Amarena Cream und Zitronensorbet, Wassereis – egal welches, Solero Exotic von Langnese.
- An Knabbersachen sind es Salzstangen und Salzbrezeln und gewürzte Reiscracker oder Reis-Chips. Bei allen anderen »LowFat«-Chips auf die Nährwerte gucken und die Fett-Prozente mit der Formel ausrechnen.

Sie werden es nicht für möglich halten, aber auch ein Nutella-Brötchen kann LowFett 30 sein: Ein Brötchen (40 Gramm) plus eine Portionsdose Nutella (20 Gramm) haben zusammen 28 % der Kilokalorien aus Fett. Ein Knäckebrot mit einer Scheibe Magerkäse (40 Gramm/30 % Fett) hat 37 %. Es kommt eben auf die Zusammenstellung an.

Bewusste Entscheidungen machen erheblich mehr Spaß: Wenn Sie sich bewusst für ein Nutella-Brötchen entscheiden und das dann auch guten Gewissens genießen, bringt das viel mehr Lebensqualität als ein kleines Stückchen Schokolade, dass Sie sich gedankenverloren in den Mund schieben – oder nachts heimlich essen.

Für wen ist LowFett 30 nur bedingt geeignet?

Gibt es Ausschlusskriterien? Nein, nicht wirklich, aber wir benutzen eben mehr oder weniger alle Lebensmittel: Milchprodukte und Nüsse, Sämereien und Gemüse, Obst, Fisch und Fleisch. Und wenn Sie jetzt eine Allergie haben gegen Nüsse und Fisch, sollten Sie diese Gerichte aussparen. Auch bei einer Laktose- oder Fructose-Intoleranz müssen Sie selektiv vorgehen. Aber das wissen Sie selbst am besten.

Die LowFett 30-Ernährung ist ja nichts anderes als eine Rückkehr zu »normalem« Essen: nicht so viel Fett, mehr Gemüse und Obst, fettarmes Fleisch, Seefisch und natürliche Zutaten – Produkte also, wie sie vor dreißig Jahren gang und gäbe waren, als noch Rezeptentwickler die Szene beherrscht haben

und nicht »Food-Designer«, die in Wirklichkeit ausgekochte Lebensmittelchemiker sind.

Auch Kinder, alte Leute, Kranke und Gesunde können die LowFett 30-Rezepte unbeschadet essen … jeden Tag … immer … aber wer das ein oder andere nicht verträgt, muss eben darauf verzichten.

Nur Diabetiker, die Insulin spritzen, sollten bei den stark kohlenhydrathaltigen Rezepten aus den Bereichen Desserts und Kuchen vorsichtig sein mit dem Zucker, damit sie keine Einheiten »nachlegen« müssen. Fragen Sie im Zweifelsfalle Ihren Arzt. LowFett 30 ist ein Konzept für Menschen, deren Stoffwechsel funktioniert.

Besondere Anlässe …

Rezepte für Kinder. Nein, die lieben Kleinen brauchen keine Sonderbehandlung. Was Kinder brauchen, ist hochwertiges Essen – aber keine Diskussionen dazu. Was auf den Tisch kommt, wird gegessen. Sparen Sie sich die Frage, ob es schmeckt. Alles schmeckt super, außer, einer fängt an zu fragen. Dann entsteht Raum, um zu nörgeln.

Braten Sie Ihren Kindern keine Extrawürstchen. Wer Hunger hat und das jeweilige Essen nicht mag, bekommt

eben ein Brot. Wer ständig meckert, verspielt seinen Nachtisch. Und Gemüse und Obst werden mit Begeisterung gegessen, wenn diese mundgerecht geschnitten ins Kinderzimmer gestellt wird.

Eltern, deren Kinder sie mit Sonderwünschen und ewigen Diskussionen nerven, haben es auch nicht besser verdient.

Schnelle Rezepte. Sie kommen abends nach Hause – der Magen knurrt – und

sie möchten nur eines: Schnell was auf dem Teller. Einige Rezepte lassen sich innerhalb weniger Minuten zubereiten und sind daher mit »geht schnell« gekennzeichnet.

Festliche Essen für mehrere Personen. Adventszeit, Geburtstage, Einladungen für Kollegen … auch solche Anlässe lassen sich mit LowFett 30 prima bewältigen. Mit einem riesigen Vorteil: Die Küche ist anschließend nicht mit Fett verklebt, sondern der Abwasch ist in kürzester Zeit erledigt. Weil fettarmes Kochen weder Fettflecken hinterlässt noch eingebrannte Pfannen. Entsprechende Rezepte sind mit »schön für Gäste« bezeichnet.

Leckere Gemüseküche. Mehr Gemüse sollen Sie essen? 300 g sollen es mindestens sein. Und falls Ihnen außer gedünsteten Tomaten und Spargel nichts Leckeres einfällt, dann kochen Sie sich mal durch unsere Gemüserezepte ab S. 68. Sie werden begeistert sein.

Einladung zum Kaffee. Ach, man muss nicht mal zum Kaffee einladen, um ein Stück Kuchen genießen zu können. Die Rezepte ab S. 116 eignen sich für die Kaffee-Einladung ebenso wie für das kleine Genießerstück zum Kaffee am Nachmittag oder die Familienrunde am Sonntagnachmittag. Leicht, locker, wenig Kalorien und dabei voller Genuss. Das wird Ihnen gefallen.

Sonstiges. Bei den Zubereitungszeiten handelt es sich um Zirka-Angaben. Jeder Herd/Ofen reagiert etwas anders.

LowFett 30-Rezepte:
weniger Fett, mehr Vitamine

Keine Sorge, die Rezepte sind ganz einfach:
Wer sie lesen kann, kann sie auch kochen.
Die Zutaten dazu finden Sie in jedem besser
sortierten Supermarkt und selbst die etwas
ausgefalleneren Gemüse bekommen Sie auf
einem normalen Wochenmarkt. Und wenn Sie
die Möglichkeit dazu haben, kaufen Sie Gemüse,
Salat und Obst in der jeweiligen Saison und in
Bio-Qualität.

›› Bircher-Müsli

Der Müsli-Klassiker – nahrhaft und lecker.

▶ **Für 2 Personen**

gelingt leicht ⏱ **15 Min.**

300 g Naturjoghurt, 1,5 % Fett · 100 g kernige Haferflocken
50 g Rosinen · 1 großer Apfel · 1 Banane · 1 Apfelsine
Saft einer ½ Zitrone · 20 g gehackte, geröstete Nüsse
(Hasel- oder Walnüsse) · Zimt

- Naturjoghurt mit Haferflocken und den Rosinen verrühren.
- Apfel waschen und auf einer groben Reibe direkt ins Müsli raspeln.
- Die Banane und die Apfelsine schälen, in kleine Stücke schneiden und das zerkleinerte Obst dazugeben und vermengen.
- Die ½ Zitrone pressen.
- Das Müsli mit Zitronensaft und Zimt abschmecken.
- Mit den Nüssen bestreuen.

Nährwerte pro Person:
540,6 kcal / 17,3 g E / 82,0 g KH / 6,7 g F
19,6 % Fettkalorien

ABKÜRZUNGEN

E	Eiweiß
EL	Esslöffel
F	Fett
g	Gramm
kg	Kilogramm
KH	Kohlenhydrate
l	Liter
Msp.	Messerspitze
ml	Milliliter
Pck.	Päckchen bzw. Packung
TL	Teelöffel

≫ Knackiges Leinsamen-Müsli

Ein frischer Start in den Tag – der Ingwer kurbelt den Stoffwechsel an.

▶ **Für 1 Portion**

gelingt leicht ⊙ **10 Min.**

1 Orange · 1 Banane · 1 cm Ingwer
3 EL Vollkornhaferflocken (kernige)
1 TL Leinsamen · 250 ml entrahmte
Dickmilch

– Das Obst schälen, klein schneiden und in einen tiefen Teller geben.
– Den Ingwer darüber reiben.
– Haferflocken, Leinsamen und Dickmilch darunter rühren.

Nährwerte pro Portion:
426 kcal/ 17,3 g E/ 72,3 g KH
5,5 g F/ 11,6 % Fettkalorien

≫ Mandel-Müsli

Die gerösteten Mandeln verleihen dem Müsli den tollen Geschmack.

▶ **Für 1 Person**

preisgünstig ⊙ **10 Min.**

1 EL Mandeln, gehackt · 1 Apfel
½ Banane · 5 EL grobe Multikorn-Flocken · ½ Zitrone, den Saft · 2 EL
Milch (1,5 % Fett)

– Die gehackten Mandeln in einer beschichteten Pfanne goldgelb rösten.
– Den Apfel waschen, grob reiben, die Banane schälen und in dünne Scheiben schneiden. Das Obst mit Zitronensaft beträufeln und in einen tiefen Teller geben.
– Die Flocken und gerösteten Mandeln darüber geben und mit der Milch genießen.

Tipp

Wer es flüssiger mag, kann gerne noch mehr Milch dazugeben. Milch mit 1,5 % Fett ist LowFett 30!

Nährwerte pro Portion:
458 kcal/ 12,4 g E/ 76 g KH
10,2 g F/ 20 % Fettkalorien

≫ Beeren-Müsli mit Walnüssen

Mit frischen Beeren im Sommer ein echter Augenschmaus.

▶ **Für eine Person**

gelingt leicht ⊙ **5 Min.**

1 EL gehackte Walnusskerne
40 g Müsli-Mischung, ungezuckert
150 g Magerjoghurt · 1 TL Honig
150 g Beerenobst, frisch oder TK

– Die gehackten Walnusskerne in einer beschichteten Pfanne unter Rühren rösten.
– Die Beeren waschen und putzen.
– Die Müslimischung mit Joghurt und Honig verrühren. Beeren und Walnüsse unter das Müsli mischen.

Tipp

Nüsse und Sonnenblumenkerne können auch für den Vorrat geröstet werden. Diese bleiben in einem Schraubglas mehrere Tage aromatisch.

Nährwerte pro Portion:
427 kcal/ 13,9 g E/ 61,3 g KH
12,9 g F/ 27,2 % Fettkalorien

▶ Beeren-Müsli mit Walnüssen.

Schoko-Bananen-Nuss-Aufstrich

Diesen süßen Aufstrich mögen auch Kinder gern.

▶ Für 6 Gläser à 250 ml
braucht etwas Zeit ⊙ 30 Min.
100 g Haselnüsse · 1,1 kg Bananen (700 g geschält) · 4 geh. EL reines Kakaopulver oder Schokosirup 500 g Super Gelierzucker 1 : 3 1 Pck. Vanillezucker · 700 ml Bananennektar

– Haselnüsse in einer Pfanne ohne Fett rösten.
– Die Nüsse in ein Geschirrtuch geben, die braune Haut abrubbeln und die »enthäuteten« Nüsse fein reiben (z. B. mit einem entsprechenden Aufsatz in der Küchenmaschine).
– Bananen und Saft in einem großen Topf pürieren. Alle weiteren Zutaten zugeben und erneut mit dem Pürierstab durchrühren.
– Den Aufstrich 3 Minuten unter ständigem Rühren kochen lassen und in Twist-off-Gläser abfüllen und noch heiß fest verschließen.
– Nach dem Öffnen im Kühlschrank aufbewahren.

Nährwerte pro Glas:
605 kcal/ 4,8 g E/ 12 g F/ 117 g KH 17,8 % Fettkalorien

Selbst hergestellter Frischkäse

Selbst gemachter Frischkäse ist etwas Besonderes.

▶ Zutaten für ein Glas
gelingt leicht ⊙ 5 Min., Abtropfzeit 8 Std.
500 ml Joghurt, 1,5 % Fett

– Einen Durchschlag mit Küchenpapier auslegen und auf eine Schüssel setzen. Den Joghurt hineingeben und bei Zimmertemperatur über Nacht stehen lassen.
– Die Flüssigkeit aus der Schüssel wegschütten.
– Den Käse in ein Schraubglas füllen und in den Kühlschrank stellen.
– Er wird wie Frischrahmkäse verwendet. Als Brotaufstrich unter Marmelade wird der Frischkäse-Joghurt naturbelassen, also nicht gewürzt oder gesüßt. Als pikanter Belag oder Dip mit ½ TL Salz und nach Geschmack und Verwendung mit Pfeffer und Kräutern würzen.

Tipp
Das Etikett des Joghurts gut durchlesen, es darf weder Gelatine noch Stärke enthalten sein, sonst funktioniert es nicht!

Nährwerte des gesamten Rezeptes:
241 kcal/ 22,5 g E/ 20,5 g KH 7,5 g F/ 28 % Fettkalorien

Kalt gerührte Himbeerkonfitüre

Bei diesem köstlichen Fruchtgenuss bleiben viele Vitamine erhalten.

▶ Für 2 Gläser à 250 g
schön für Gäste ⊙ ca. 15 Min.
250 g Himbeeren · 250 g Gelierzucker 1 EL Himbeergeist

– Die Himbeeren waschen und mit dem Zucker mit dem Pürierstab oder im Standmixer so lange pürieren, bis sich der Zucker vollständig gelöst hat.
– Zum Schluss den Himbeergeist unterziehen.

Tipp
Die Konfitüre hält ca. 6 Wochen im Kühlschrank.

Nährwerte pro Glas:
573 kcal/ 1,6 g E/ 131 g KH/ 0,4 g F 0,6 % Fettkalorien

◄ Für selbst gemachten Fruchtaufstrich eignen sich z. B. Aprikosen hervorragend.

FRÜHSTÜCKSIDEEN

Cremiger Gurkenaufstrich mit Dill

Sehr erfrischend – passt auch gut zum sommerlichen Abendbrot.

▶ **Für 2 Personen**

preisgünstig ⊘ **10 Min., Ruhezeit: 30 Min.**

1 kleine Salatgurke · Salz · ½ Bund Dill · 150 g Magerquark 2 EL saure Sahne (10 % F) · 1 Knoblauchzehe · 1 EL Meerrettich, frisch gerieben oder aus dem Glas · Pfeffer aus der Mühle

- Die Gurke schälen und halbieren. Die Gurkenkerne samt wässerigem Fruchtfleisch mit einem Löffel herausschaben und wegwerfen.
- Gurke in sehr kleine Würfel schneiden, salzen und 30 Min. ruhen lassen.
- In der Zwischenzeit den Dill waschen, trocknen und hacken.
- Den Quark mit der Sahne glatt rühren.
- Den Knoblauch schälen und durch die Presse drücken.
- Meerrettich und Dill unterrühren und mit Salz und Pfeffer abschmecken.
- Den ausgetretenen Gurkensaft weggießen und die Gurkenwürfel unterrühren.

Nährwerte pro Portion:
106 kcal/ 12,2 g E/ 8,5 g KH/ 2,1 g F/ 17,8 % Fettkalorien

Fruchtiger Karottenaufstrich

Genauso vielgestaltig wie die Farben ist auch der Geschmack.

▶ **Für 4 Portionen**

gelingt leicht ⊘ **15 Min.**

100 g Karotten · 50 g Apfel · 250 g Magerquark · Kräutersalz Pfeffer aus der Mühle · 1 Bund Schnittlauch

- Karotten schälen und fein reiben.
- Apfel waschen und fein reiben.
- Den Quark und die Gewürze vermischen.
- Schnittlauch waschen, trocknen und in feine Röllchen schneiden. Alle Zutaten gut vermischen und durchziehen lassen.

Nährwerte pro Portion:
62 kcal/ 9 g E/ 5,3 g KH/ 0,3 g F/ 4,4 % Fettkalorien

Geflügel-Leberwurst

Es ist gar nicht schwer, Wurst selbst zu machen. Probieren Sie es aus!

▶ **Für 6 kleine Gläser à 300 ml**

braucht etwas Zeit ⏲ **30 Min., Einkochzeit: 60 Min.**
1 Bund Suppengrün · 250 ml Gemüsebrühe · 1 Bund Lauch-zwiebeln · 500 g Hähnchenleber · 500 g Hähnchen- oder Putenbrust · Salz · Pfeffer aus der Mühle, evtl. Chili · Kräuter nach Geschmack (z. B. der Provence, Majoran, Thymian) und/oder Knoblauch

- Das Suppengrün putzen, waschen und bis auf den Lauch schälen, in kleine Würfel schneiden und in der heißen Gemüsebrühe 10 Minuten köcheln.
- Die Lauchzwiebeln putzen, waschen und fein schneiden.
- Das Fleisch klein schneiden, mit der Leber in die Brühe geben und kurz garen.
- Alles aus der Brühe nehmen und mit der Hälfte der Leber fein pürieren.
- Die restliche Leber in kleine Stücke schneiden, unter die Wurstmasse mengen und so viel Gemüsebrühe (etwa 5 – 6 EL) unterrühren, dass die Leberwurst streichfähig ist.
- Mit Salz, Pfeffer und Kräutern nach Geschmack würzen und abschmecken.
- Die Gläser mit der Leberwurstmasse füllen, mit den Twist-off-Deckeln fest verschließen.
- Im Wasserbad in einem Topf mit Deckel etwa 60 Minuten leicht kochen lassen oder im Backofen einwecken.

Nährwerte pro Glas:
224 kcal / 37,2 g E / 7 g KH / 5 g F / 20,1 % Fettkalorien

FETTSPAR-TIPPS

Wurst und Schinken

Egal was auf einem Aufschnitt oder einer Wurst auch draufsteht: »Diät«, »light« und was es da sonst noch gibt. Rechnen Sie immer nach! Nicht rechnen müssen Sie nur bei:

- gekochtem Schinken ohne Fettrand
- Lachsschinken ohne Fettrand
- Hähnchen- oder Putenbrustscheiben (sieht dann aus wie gekochter Schinken) ohne Fettrand
- ganz magerer roher Schinken (ohne sichtbares Fett)
- Bündner Fleisch
- geräucherte Pute
- einige Sorten Corned Beef (schauen Sie vor allem nach den verpackten Varianten, die mit Nährwert-angaben versehen sind)
- Hähnchen, Pute und Schinken in Aspik,
- Roastbeef (Fettrand entfernen)
- Kasseler Aufschnitt (oder Braten) – ohne Fettrand
- Schweinebraten als Aufschnitt (ohne sichtbares Fett)
- Gemüse in Aspik (ist zwar kein Fleisch, liegt aber in der Wursttheke)

Alle Wurstsorten, die nicht LowFett 30 sind, können Sie sich bei Ihrem Metzger hauchdünn schneiden lassen. Mit einer entsprechend dicken Scheibe Brot kommen Sie dann wieder in den gesunden Bereich.

41

» Harzer-Hacker

Sehr kräftiger Geschmack, aber kaum Fett – das sind die Vorzüge des Harzers.

▶ **Für 2 Personen**
gelingt leicht ⊘ **5 Min.**
1 kleine Zwiebel · 1 Harzer-Käse à 125 g · 1 TL Senf
3 EL Joghurt, 1,5 % Fett · Pfeffer aus der Mühle

- Zwiebel schälen, in kleine Würfel schneiden.
- Den Harzer hacken, mit Zwiebeln, Senf, Joghurt und Pfeffer vermengen.

Tipp
Schmeckt sehr gut auf frischem Vollkornbrot oder Roggenbrötchen.

Nährwerte pro Portion:
97 kcal/ 20 g E/ 1,9 g KH/ 0,8 g F/ 7,4 % Fettkalorien

FETTSPAR-TIPPS

Brotaufstriche

Wenn Sie zwischen Brot und Belag bisher immer eine Schicht Butter verwendet haben, können Sie diese gegen Tomatenmark, Magerquark, süßen Senf oder Chutneys austauschen. Gerade bei herzhaften Belägen ist das eine tolle Alternative. Zehn Gramm Butter (das sind zehn Gramm Fett) haben 90 Kilokalorien. Wenn Sie das auf ein Brötchen streichen, ergibt das mit dem Brötchen schon 41 % der Kilokalorien aus Fett. Hier alternativ einige Brotaufstriche:
- Magerquark mit scharfem Senf verrühren
- Meerrettich mit Joghurt
- Tomatenmark (sehr neutral)
- süßer Senf
- Magerquark, vermischt mit frischem Obst: Wassermelonenwürfel in Magerquark sind hit-verdächtig. Und frische Himbeeren sind Luxus pur.

» Mediterraner Olivenaufstrich

Ein besonderer Aufstrich für den sonntäglichen Brunch.

▶ **Für 4 Personen**
gut für Gäste ⊘ **10 Min.**
1 Dose Kichererbsen (530 g Abtropfgewicht) · 40 g schwarze Oliven, entsteint · 1 – 2 Knoblauchzehen · 1 Bund glatte Petersilie · 1 EL Olivenöl · Salz · Pfeffer aus der Mühle
1 EL Zitronensaft · gemahlener Kumin (Kreuzkümmel)
40 ml Gemüsebrühe · 200 g Fladenbrot

- Die Kichererbsen in ein Sieb geben, abspülen und abtropfen lassen. Ein paar Kichererbsen zum Garnieren beiseite legen.
- Die Oliven grob hacken, den Knoblauch abziehen, die Petersilie abwaschen, trocken schütteln und die Blättchen abzupfen.
- Alle vorbereiteten Zutaten fein pürieren, dabei das Olivenöl untermischen.
- Das Püree mit Salz, Pfeffer, Zitronensaft und Kumin würzen. So viel Gemüsebrühe unterrühren, dass das Püree streich- bzw. dipfähig ist. Zum Servieren mit den restlichen Kichererbsen bestreuen.

Tipp
Dazu kräftiges Bauern- oder Fladenbrot und zum Dippen rohes Gemüse wie Gurke, Rettich, Staudensellerie oder Möhren reichen.

Nährwerte gesamt:
350 kcal/ 14,7 g E/ 50,9 g KH
9,1 g F/ 23,4 % Fettkalorien

▶ Mediterraner Olivenaufstrich.

FRÜHSTÜCKSIDEEN

Kartoffelaufstrich mit Knoblauch

Ein herzhaft sättigender Brotbelag – gut zum Mittag-
oder Abendessen.

▶ **Für 4 Personen**
braucht etwas Zeit   ⊙ **40 Min. + Kühlzeit**
500 g Kartoffeln · Salz · ½ Bund Petersilie · 5 Knoblauchzehen · 150 g saure Sahne (10 % F) · schwarzer Pfeffer aus
der Mühle · Muskat

- Die Kartoffeln waschen und mit der Schale in Salzwasser
  weich kochen, abgießen und abpellen. Gut auskühlen
  lassen, am besten über Nacht.
- Die Petersilie abbrausen, trocken schütteln und die Blättchen von den Stängeln zupfen. Die gepellten Kartoffeln mit
  den Petersilienblättchen in der Küchenmaschine pürieren.
- Den abgezogenen Knoblauch dazu pressen und mit der
  sauren Sahne unter die Masse heben.
- Mit Pfeffer und Muskat würzen.

Auf Bauernbrot streichen und etwas grobkörniges
Meersalz darüber streuen.

Nährwerte pro Portion:
148 kcal/ 4,7 g E/ 22,3 g KH/ 4 g F/ 24,3 % Fettkalorien

Kichererbsenaufstrich

Die Kichererbsen liefern hochwertige pflanzliche Proteine.

▶ **Für 1 Glas à 450 g**
gelingt leicht   ⊙ **10 Min.**
1 Knoblauchzehe · 1 EL geröstete Erdnüsse · 1 Dose Kichererbsen (250 g Abtropfgewicht) · 100 ml Gemüsebrühe (Instant) · 3 EL Zitronensaft · ¼ TL Cayennepfeffer · 1 TL Salz

- Die Knoblauchzehe abziehen, die Erdnüsse grob hacken,
  die Kichererbsen abtropfen lassen und alles mit der
  Gemüsebrühe pürieren.
- Den Aufstrich mit Zitronensaft, Cayennepfeffer und Salz
  abschmecken.

Tipp

Der Kichererbsenaufstrich hält sich gut verschlossen
etwa 1 Woche im Kühlschrank.

Nährwerte für 1 Glas:
487 kcal/ 25 g E/ 57 g KH/ 16,7 g F/ 30,8 % Fettkalorien

Putenbrustaufstrich

Mögen Sie cremige Streichwurst? Dies ist eine, die Sie guten Gewissens genießen können.

▶ **Für 4 Portionen**
gelingt leicht ⊙ **10 Min.**
250 g gegarte Putenbrust · 1 Frühlingszwiebel · 1 Knoblauchzehe ½ Bund Petersilie · 100 g Buttermilch-Frischkäse · Salz · Pfeffer aus der Mühle

- Das Putenfleisch zerkleinern und in die Küchenmaschine geben.
- Den Frischkäse, die gewaschene und grob zerkleinerte Frühlingszwiebel, die geschälte Knoblauchzehe und die abgezupfte, gewaschene Petersilie zugeben. Alles pürieren und mit Salz und Pfeffer abschmecken.
- Falls die Masse zu fest ist, ein wenig Milch oder Brühe zugeben.

Nährwerte pro Portion:
96,3 kcal/ 16,4 g E/ 3,3 g KH
1,8 g F/ 17 % Fettkalorien

Radieschenaufstrich

Scharf-säuerlicher Brotaufstrich, der gut zu einer kräftigen Brotzeit passt.

▶ **Für 2 Personen**
preisgünstig ⊙ **10 Min.**
1 Bund Radieschen · 1 Bund Schnittlauch · 250 g Magerquark · 2 EL saure Sahne (10 % Fett) · Salz · Pfeffer aus der Mühle

- Die Radieschen putzen, gründlich waschen und fein hacken.
- Den Schnittlauch waschen und in feine Röllchen schneiden.
- Den Quark mit der sauren Sahne glatt rühren. Radieschen und Schnittlauch untermengen.
- Den Aufstrich mit Salz und Pfeffer würzen.

Nährwerte pro Portion:
123 kcal/ 18,4 g E/ 6,8 g KH
1,9 g F/ 13,9 % Fettkalorien

Thunfischquark

Dieser Aufstrich schmeckt nicht nur gut, sondern versorgt Sie auch mit hochwertigem Eiweiß.

▶ **Für 10 Portionen**
gut vorzubereiten ⊙ **10 Min.**
250 g Magerquark · 1 Dose Thunfisch, in eigenem Saft · 1 Zwiebel 1 EL Sauerrahm · Salz · Pfeffer aus der Mühle · 1 Bund frischer Dill

- Dill waschen, trocken tupfen und fein hacken.
- Zwiebel pellen und in feine Würfel schneiden.
- Fisch mit der Gabel auflockern und alle Zutaten miteinander vermengen.
- Gut durchziehen lassen.

Tipp

Schmeckt auch sehr gut mit Räucherforellenfilets.

Nährwerte pro Portion:
42 kcal/ 6,8 g E/ 0,4 g F/ 1,5 g KH
8,6 % Fettkalorien

Nährwerte pro Portion mit geräucherten Forellenfilets:
47 kcal/ 7,2 g E/ 1 g F/ 1,5 g KH
19,2 % Fettkalorien

›› Kürbissuppe

Wenn Sie es scharf mögen, bereiten Sie die Kürbissuppe mit
Chili zu, wenn Sie einen milderen Geschmack bevorzugen,
lassen Sie ihn einfach weg.

▶ **Für 4 Personen**
schön für Gäste ⊙ **ca. 25 Min.**
2 Würfel Gemüsebrühe · 250 g Kartoffeln · 750 g Kürbis
1 Chilischote · 30 g Kürbiskerne · 2 Zwiebeln · 1 TL Mehl
1 TL Sonnenblumenöl

- 1 Liter Wasser zum Kochen bringen und die Brühwürfel
  darin auflösen.
- Die Kartoffeln und den Kürbis waschen, schälen und
  würfeln. Kartoffelwürfel zur Brühe geben und 15 Minuten
  kochen. Nach 10 Minuten Kürbiswürfel hinzufügen.
- Die Chilischote waschen, aufschlitzen, Kerne und weiße
  Innenhäute entfernen. Schote 2 Minuten mitkochen,
  herausnehmen.
- Die Kürbiskerne grob hacken und in einer Pfanne ohne
  Fett rösten. Die Zwiebeln abziehen, in Ringe schneiden und
  mit Mehl bestäuben. In einer beschichteten Pfanne das Öl
  erhitzen und die Zwiebelringe braun rösten.
- Die Suppe leicht pürieren und mit den Kürbiskernen und
  den Zwiebelringen garniert servieren.

Nährwerte pro Portion:
167 kcal/ 5,5 g F/ 22,5 g KH/ 29,7 % Fettkalorien

KLEINE GERICHTE

Möhrencremesuppe mit Putenbrust

Durch die Fleischeinlage hält diese leichte Suppe lange satt.

▶ **Für 4 Personen**
gelingt leicht ⏱ **50 Min.**
500 g Möhren
150 g Zwiebeln
800 ml Geflügelbrühe (Instant)
½ TL Zucker
1 Prise Salz
150 g Kaffeesahne, 4 % Fett
1 TL Mehl
weißer Pfeffer aus der Mühle
1 Prise Cayennepfeffer
250 g Putenbrust
1 TL Öl
1 Bund Kerbel

- Die Möhren waschen, schälen und in feine Scheiben schneiden. Die Zwiebeln schälen, halbieren und in feine Streifen schneiden. Zirka 50 ml Geflügelbrühe erhitzen und Zwiebeln und Möhren darin dünsten, dann etwas zuckern und salzen. Die übrige Gemüsebrühe dazugießen und alles 15 Minuten zugedeckt köcheln lassen.
- Die Suppe fein pürieren. Die Sahne hinzufügen und alles mit Salz, Pfeffer und Cayennepfeffer abschmecken. Nicht mehr kochen, nur erhitzen und zugedeckt warm halten.
- Die Putenbrust abspülen, trocken tupfen, in 2 cm große Würfel schneiden, salzen, pfeffern und mit dem Mehl bestäuben.
- Das Öl in einer beschichteten Pfanne erhitzen. Darin das Putenfleisch etwa 4 Minuten von allen Seiten anbraten, auf Küchenpapier geben, um das Fett aufzusaugen.
- Den Kerbel waschen, trocken tupfen und die Blättchen abzupfen. Das Fleisch in 4 Suppenteller verteilen, die heiße Möhrencreme darübergeben und mit den Kerbelblättchen garnieren.

Tipp

Croûtons aus Toastbrotwürfeln dazu reichen.

Nährwerte pro Portion:
190 kcal / 21 g E / 15,2 g KH / 4,7 g F / 22,3 % Fettkalorien

»» Gazpacho

Kalt, fruchtig, köstlich – ideal für einen lauen Sommerabend.

▶ **Für 4 Personen**
braucht etwas Zeit ⊙ **30 Min., Kühlzeit: ca. 2 Std.**
500 g Tomaten · 1 Gemüsezwiebel · 1 Salatgurke · 1 grüne Paprikaschote · 3 Knoblauchzehen · 2 Scheiben Toastbrot
1 EL Rotweinessig · 200 ml Tomatensaft · 1 EL Olivenöl · Salz schwarzer Pfeffer aus der Mühle

- Das Gemüse, bis auf die Zwiebel, waschen.
- Die Tomaten über Kreuz einritzen, kurz überbrühen, abschrecken und enthäuten. Die Tomaten vierteln, die Stielansätze herausschneiden und entkernen. Das Fruchtfleisch grob würfeln.
- Die Zwiebel und die Gurke schälen, die Paprikaschote halbieren, Fruchtansatz, Kerne sowie weiße Häutchen entfernen, waschen und alles grob würfeln.
- Den Knoblauch schälen, mit den Tomaten und gut der Hälfte des übrigen Gemüses mit dem Mixstab pürieren.
- Das Toastbrot in Stücke zupfen, mit dem Essig und dem Tomatensaft beträufeln und kurz ziehen lassen. Das Brot mit dem Öl zum pürierten Gemüse geben und mit dem Mixstab cremig pürieren. Alles mit Salz und Pfeffer abschmecken. Das restliche Gemüse bis auf je 1 EL Zwiebel- und Gurkenwürfel zur Suppe geben und zugedeckt mindestens 2 Stunden im Kühlschrank durchziehen lassen.
- Vor dem Servieren die Suppe noch einmal durchrühren, abschmecken und mit den Zwiebel- und Gurkenwürfeln garniert servieren.

Nährwerte pro Portion:
122 kcal/ 4,2 g E/ 4 g F/ 15,8 g KH/ 29,5 % Fettkalorien

FETTSPAR-TIPPS

Cremesuppen

Wenn Sie den cremigen Geschmack gerne mögen, dann pürieren Sie wie für die Möhrencremesuppe einfach ganz viele Möhren. Eine Tasse fettarme Milch dazu – und schon ist eine Suppe fertig, die LowFett 30 ist und weit mehr nach Möhren schmeckt als jede Suppe, die einen Becher Sahne enthält. »Echte« Cremesuppen mit Sahne oder Crème fraîche, also Tomatencreme, Champignoncreme, Brokkolicreme, sind nie LowFett 30.

Suppen und Eintöpfe entfetten

Eintöpfe und Suppen sind schnell in »Grün« und »Rot«, also in erlaubt und nicht erlaubt, eingeteilt. Zu den Ersteren gehören entfettete Suppen. Dafür die Suppe nach dem Kochen kalt stellen und nach dem völligen Erkalten die Fettdecke abheben oder -schöpfen. Der Rest ist freigegeben und der Weg für Einlagen wie Gemüse, mageres Fleisch (zum Beispiel Tatarbällchen), Reis, Linsen, Erbsen oder Kartoffeln geebnet. Kochen Sie diese letztgenannten Beilagen stets separat … weil Kohlenhydratbeilagen zu viel Geschmack aus der Suppe nehmen. Gemüse wie Möhrchenscheiben oder Lauchringe sollten Sie erst im letzten Moment zugeben.

KLEINE GERICHTE

Garnelensuppe mit Safran
Der Safran verleiht dieser edlen Suppe die goldgelbe Farbe.

▶ **Für 4 Personen**
schön für Gäste ⊙ **20 Min.**
200 g Staudensellerie
2 Schalotten
1 Knoblauchzehe
½ l Fischfond (aus dem Glas)
100 g gekochte, geschälte TK-Tiefsee-
krabben
1 Msp. Safran
1 EL Mehl
100 ml trockener Weißwein
50 g Joghurt, 1,5 % Fett
100 ml Kaffeesahne, 4 % Fett
Salz
weißer Pfeffer aus der Mühle

- Den Staudensellerie waschen, putzen und fein würfeln. Die Sellerieblätter waschen, trocken tupfen, grob hacken und beiseite stellen. Die Schalotten und den Knoblauch schälen und fein hacken.
- Zirka 50 ml Fischfond in einem Topf erhitzen. Die Selleriewürfel mit den Schalotten und Knoblauchstückchen in den Fond geben und alles andünsten.
- Den restlichen Fond, die TK-Garnelen sowie den Safran dazugeben und aufkochen lassen.
- Das Mehl in einer kleinen Schüssel mit dem Weißwein glatt rühren und unter Rühren unter die Suppe mischen. Die Suppe aufkochen lassen. Den Joghurt und die Kaffeesahne unterrühren, nur erhitzen, nicht mehr kochen.
- Die Suppe mit Salz und Pfeffer abschmecken. Vor dem Servieren etwa 1 EL gehackte Staudensellerieblätter über die Suppe streuen.

Nährwerte pro Portion:
110,2 kcal/ 17,9 g E/ 1,8 g F/ 6,2 g KH/ 15 % Fettkalorien

Hühnersuppe mit Frühlingsgemüse

Schmeckt wie bei Muttern – nur die Fettaugen fehlen.

▶ **Für 4 Personen**

braucht etwas Zeit ⏱ 1¼ Std.,
Garzeit: 35 Min.

1 kg junges Hühnchen oder Hähnchen
1½ l Gemüsebrühe (Instant)
1 Möhre
1 Stange Lauch
1 Bund Petersilie
1 Lorbeerblatt
½ TL Salz
300 g Spargel
200 g Zuckererbsenschoten
8 Frühlingszwiebeln
150 ml Kaffeesahne, 4 % Fett
Salz
1 EL weißer Portwein
1 Prise Cayennepfeffer

- Das Hühnchen oder Hähnchen kalt abspülen, trocken tupfen, halbieren und zusammen mit der Geflügelbrühe zum Kochen bringen. Nach einigen Minuten den Schaum von der Suppe abschöpfen.
- Die Möhre waschen, schälen und in Stücke schneiden. Den Lauch putzen, der Länge nach halbieren, waschen und in Ringe schneiden. Die Petersilie waschen, trocken schütteln und fein hacken. Gemüse, Lorbeerblatt, Petersilie und etwas Salz zum Hühnchen geben und die Suppe zugedeckt etwa 35 Minuten köcheln lassen.
- Die Geflügelhälften aus der Brühe nehmen und etwas abkühlen lassen. Das Fleisch von den Knochen lösen, dabei das Fett und die Haut entfernen. Das Fleisch in etwa 3 cm große Stücke schneiden.
- Die Geflügelbrühe entfetten, durch ein Sieb gießen und im offenen Topf auf etwa ¾ reduzieren. Inzwischen den Spargel waschen, schälen und in 2 cm große Stücke schneiden. Die Zuckererbsenschoten waschen und die Enden abschneiden. Die Frühlingszwiebeln putzen, waschen, der Länge nach halbieren.
- Die Spargelstücke in den Sud geben und 5 Minuten zugedeckt köcheln lassen. Das übrige Gemüse hinzufügen und die Suppe weitere 5 Minuten köcheln lassen. Die Geflügelstücke dazugeben.
- Die Kaffeesahne in die Suppe rühren, diese kurz erhitzen, aber nicht kochen lassen. Die Suppe vom Herd nehmen, mit Salz, Portwein und Cayennepfeffer abschmecken.

Nährwerte pro Portion:
419 kcal/ 50,3 g E/ 10 g F/ 21,6 g KH/ 21,5 % Fettkalorien

Kartoffelsuppe mit Würstchen

Der kräftige Eintopf beweist: Geschmack braucht kein Fett!

▶ **Für 4 Personen**
gelingt leicht ⊙ **30 Min.**
750 g Kartoffeln · 200 g Möhren
750 ml Gemüsebrühe (Instant)
50 g tiefgekühltes Suppengemüse
100 g Kondensmilch 4 % · 3 Wiener
Würstchen, fettreduziert

- Kartoffeln und Möhren schälen, waschen und in kleine Würfel schneiden.
- Die Gemüsebrühe zum Kochen bringen und das Gemüse zugeben.
- In der Zwischenzeit die Würstchen in feine Scheiben schneiden.
- Nach 15 Minuten, wenn das Gemüse und die Kartoffeln gar sind, mit dem Pürierstab pürieren und abschmecken.
- Die Wurstscheibchen dazugeben. Mit Kondensmilch verfeinern und servieren.

Nährwerte pro Portion:
242 kcal/ 11 g E/ 6,3 g F/ 34 g KH
23,4 % Fettkalorien

Fruchtige Tomatensuppe

Es müssen nicht immer frische Tomaten sein.

▶ **Für 4 Personen**
geht schnell ⊙ **20 Min.**
1 Zwiebel · 1 EL Olivenöl · 3 Dosen
Tomaten (geschält, à 400 g) · 2 Pck.
passierte Tomaten (à 500 g) · 1 Dose
Mais (300 g) · 100 g saure Sahne
(10 % Fett) · 1 EL Petersilie (tiefgekühlt oder frisch gehackt)

- Die Zwiebel schälen, in feine Würfel schneiden und im Olivenöl glasig dünsten.
- Die Tomaten klein schneiden und mit dem Saft in den Topf geben. Die passierten Tomaten hinzufügen.
- Den Mais abtropfen lassen und ebenfalls zugeben. Das Ganze ca. 10 Minuten köcheln lassen.
- 100 g saure Sahne einrühren, mit Petersilie bestreuen und servieren.

Nährwerte pro Portion:
335 kcal/ 16,4 g E/ 7,3 g F/ 48,2 g
KH/ 19,6 % Fettkalorien

Variante mit Sherry (zum Schluss 50 ml trockenen Sherry zugeben):
349 kcal/ 16,5 g E/ 7,3 g F
48,3 g KH/ 18,8 % Fettkalorien

Sechserlei Gemüsesuppe

Diese Suppe gibt ein dickes Plus auf dem »Gemüsekonto«.

▶ **Für 4 Personen**
gelingt leicht ⊙ **30 Min.**
1 Zucchini (300 g) · 1 Stück Sellerie
(200 g) · 1 Stange Lauch · 500 g
Brokkoli · 4 – 5 Stück Kartoffeln
1 Kohlrabi · 3 Möhren · 1,5 l Gemüsebrühe · Salz · Pfeffer

- Kartoffeln waschen, schälen in Würfel schneiden. Lauch waschen, putzen in Ringe schneiden. Kohlrabi schälen, in kleine Scheiben schneiden, Zucchini waschen, längs halbieren und in Scheiben schneiden. Möhren und Brokkoli putzen und klein schneiden bzw. in Röschen teilen, Sellerie schälen und in Würfel schneiden.
- Die Brühe zum Kochen bringen. Das Gemüse, bis auf Kohlrabi, Zucchini und Brokkoli, zugeben und 5 Minuten kochen. Dann die restlichen 3 Gemüsesorten für weitere 15 Minuten auf kleiner Flamme garziehen lassen.
- Mit Salz und Pfeffer abschmecken.

Nährwerte pro Person:
176 kcal/ 11,8 g E/ 1,5 g F
27,1 g KH/ 7,7 % Fettkalorien

KLEINE GERICHTE

Erdnusssalat mit Johannisbeeren

Wetten, dass Sie bei diesem raffinierten Salat nach dem Rezept gefragt werden?

► **Für 4 Personen**
schön für Gäste ⊘ ca. 30 Min.

1 kleiner Chinakohl · 200 g frische Sojabohnen · 50 g ungesalzene Erdnüsse · 150 g Magerjoghurt, 0,3 % Fett · ½ Orange, gepresst · Salz · schwarzer Pfeffer aus der Mühle · 200 g weiße und rote Johannisbeeren · ½ Bund frisches Koriandergrün · 150 g Baguette

- Den Chinakohl putzen, den Strunk entfernen, waschen und die Blätter in feine Streifen schneiden. Die Sojabohnennensprossen in ein Sieb geben, abspülen und gut abtropfen lassen.
- Die Erdnüsse in einem Blitzhacker oder Mixer fein hacken. Die Nüsse mit dem Joghurt und dem Orangensaft verrühren, mit Salz und Pfeffer abschmecken.
- Die Johannisbeeren waschen, von den Rispen zupfen und trocken tupfen. In einer großen Schüssel Chinakohl, Sojasprossen, Joghurtsauce und Johannisbeeren locker vermischen.
- Den Koriander waschen, trocken schütteln, von den Stielen zupfen, fein hacken und unter den Salat mengen. Den Salat sofort mit dem Baguette servieren.

Nährwerte pro Portion:
288 kcal/ 14,7 g E/ 9,5 g Fett/ 33,5 g KH/ 29,7 % Fettkalorien

Mediterraner Fusilli-Linsen-Salat

Dieser Nudelsalat sättigt sehr gut, liegt aber nicht schwer im Magen.

► **Für 4 Personen**
gelingt leicht ⊘ 30 Min.

400 g Fusilli (Spiralnudeln) · Salz · 1 große Zwiebel · 1 Knoblauchzehe · 1 Stange Lauch · 250 g gekochter Schinken ohne Fettrand · 3 EL Olivenöl · 120 g rote Linsen · ½ l Fleischbrühe (Instant) · 5 EL Balsamessig · ½ TL Zucker · schwarzer Pfeffer aus der Mühle · 1 Bund frische Kräuter

- Die Fusilli in reichlich kochendem Salzwasser bissfest garen, in ein Sieb schütten, mit kaltem Wasser abschrecken und gut abtropfen lassen.
- Inzwischen die Zwiebel und die Knoblauchzehe abziehen und fein würfeln. Den Lauch putzen, waschen und in Streifen schneiden. Den Schinken würfeln.
- In einer beschichteten Pfanne 1 EL Öl erhitzen und die Zwiebel- und Knoblauchwürfel darin glasig dünsten. Den Lauch und den Schinken zufügen und kurz mitbraten. Die Linsen und die Fleischbrühe zugeben, umrühren, alles 5–8 Minuten kochen und vom Herd nehmen.
- Das restliche Öl mit dem Balsamessig, Salz, Zucker und Pfeffer zu einem Dressing verrühren. Die Kräuter waschen, trocken schütteln und nach Belieben fein hacken. Die Linsenmischung mit den Nudeln vermengen, mit dem Dressing anmachen und die Kräuter darüberstreuen.

Nährwerte pro Portion:
663 kcal/ 40,1 g E/ 86,9 g KH/ 16,3 g F/ 22,1 % Fettkalorien

FETTSPAR-TIPPS

Salat aufpeppen

Diejenigen, die Salat gerne mit etwas toppen, damit er eine volle Mahlzeit ergibt, können aus folgenden Zutaten frei und in beliebiger Menge wählen: Krebsfleisch, Scampis, Putenbrust und Hähnchenbrust, Rinderfilet und Schweinefilet, Forelle und andere fettarme Fische (bitte alles grillen oder fettfrei braten) sowie Schinkenstreifen aus gekochtem magerem Schinken, Lachsschinken oder geräucherter Putenbrust (ohne Haut), Pilze, Mais und alle Gemüsesorten (außer Oliven und Avocado!).

Orangenspargel mit Erdbeeren und Lachs

Da ist jeder Bissen eine Köstlichkeit.

▶ **Für 4 Personen**

schön für Gäste ⊙ **40 Min.**

1 kg frischer Spargel · Salz · 1 Prise Zucker · 1 TL Butter · 200 g frisches Lachsfilet ohne Haut · 250 g frische Erdbeeren · 150 g Joghurt, 1,5 % Fett, gut abgetropft · 2 EL Mayonnaise, 50 % Fett · 1 EL Aceto balsamico bianco · 3 Orangen, den Saft · 1 unbehandelte Orange, die abgeriebene Schale · Pfeffer aus der Mühle · 200 g Baguette

- Den Spargel waschen, schälen und die Enden abschneiden. In Salzwasser mit Zucker und Butter etwa 20 Minuten garen.
- Das Lachsfilet in sehr dünne Scheiben schneiden und auf 4 Tellern breitflächig auslegen. Die Erdbeeren waschen, entstielen und mit Küchenkrepp trocken tupfen.
- Den Joghurt mit der Mayonnaise, Essig, Orangensaft und -schale verrühren; mit Salz und Pfeffer würzen.
- Den Spargel in ein Sieb gießen, kurz abtropfen lassen, auf den Tellern anrichten und mit dem Orangendressing überziehen. Die Erdbeeren, je nach Größe, halbieren oder vierteln und auf dem Spargel anrichten.

Nährwerte pro Portion:
334 kcal/ 19,1 g E/ 40,4 g KH/ 9,8 g F
26,4 % Fettkalorien

Gurkensalat mit Sesam

Wenn Sie Gurkensalat bisher immer nur mit Fix-Dillsoße zubereitet haben, wird es höchste Zeit, dass Sie dieses Rezept ausprobieren.

▶ **Für 4 Personen**
schön für Gäste ⊙ **ca. 40 Min.**
200 g Basmatireis · 1 große Zwiebel · 4 Knoblauchzehen
2 Salatgurken · 2 frische Chilischoten · 1 EL Erdnussöl
1 EL Shrimpspaste (Asialaden oder Spezialitätenregal)
⅛ l Kokosmilch · ⅛ l Geflügelbrühe, Instant · Salz · Pfeffer
aus der Mühle · 2 EL Sesam

- Den Reis nach Packungsanleitung kochen. Die Zwiebel und die Knoblauchzehen schälen und fein würfeln. Die Salatgurken schälen, der Länge nach durchschneiden und mithilfe eines Löffels entkernen. Die Gurkenhälften quer in Scheiben schneiden.
- Die Chilischoten waschen, Stielansätze entfernen und die Schoten klein schneiden. Mit Handschuhen arbeiten, sonst sofort danach die Hände waschen. Den Wok heiß werden lassen, das Erdnussöl darin erhitzen. Zwiebel, Knoblauch und Chili mit der Shrimpspaste zugeben und andünsten.
- Die Gurkenstücke hinzufügen, mehrmals durchrühren und mit der Kokosmilch und der Geflügelbrühe aufgießen. Mit Salz und Pfeffer würzen und in eine Schüssel füllen. Den Wok auswischen.
- Den Wok ohne Fett erhitzen und den Sesamsamen darin unter Rühren rösten, bis er duftet. Den Sesam in einen Mörser geben, stark zerreiben und unter den Gurkensalat mischen. Erneut abschmecken und auf dem Reis servieren.

Tipp

An einem heißen Sommertag ist dieser kalte Salat herrlich erfrischend. Schmeckt aber auch lauwarm sehr gut.

Nährwerte pro Portion:
320 kcal/ 8,6 g E/ 49,2 g KH/ 9,6 g Fett/ 27 % Fettkalorien

Pastasalat mit Orangen und Walnüssen

Mit diesem fruchtig-nussigen Salat können Sie schnell eine kleine Mahlzeit zaubern.

▶ **Für 4 Personen**
geht schnell ⊙ **25 Min.**
300 g Hörnchennudeln · Salz · 1 Orange · 1 Blutorange
50 g Walnusskerne · 150 g Magerjoghurt, 0,1 % Fett
1 – 2 EL Salatmayonnaise, 50 % Fett · 1 EL Orangensaft
schwarzer Pfeffer aus der Mühle

- Die Nudeln in reichlich leicht gesalzenem Wasser bissfest garen, abgießen, mit kaltem Wasser abschrecken und gut abtropfen lassen. Die abgekühlten Nudeln in eine Schüssel geben.
- Inzwischen die Orangen mit einem scharfen Messer so schälen, dass auch die weiße Fruchthaut mit entfernt wird. Mit dem Messer dicht an der Haut zwischen den Spalten entlang schneiden und die Filets herauslösen. Die Orangenfilets in kleine Stücke schneiden und mit den grob gehackten Walnüssen zum Salat geben.
- Joghurt, Mayonnaise und Orangensaft zu einer Marinade verrühren. Die Marinade mit Salz und Pfeffer abschmecken und über den Salat geben. Alles gut durchmischen und etwas ziehen lassen.

Nährwerte pro Portion:
412 kcal/ 13,5 g E/ 12,2 g F/ 60,9 g KH/ 26,7 % Fettkalorien

Asiatischer Reisnudelsalat

Bieten Sie Ihren Gästen einmal diesen exotischen Nudelsalat an.

- Die Reisnudeln in heißes Wasser legen und darin etwa 15 Minuten einweichen. Danach die Nudeln noch etwa 5 Minuten in kaltes Wasser legen, in ein Sieb gießen, gut abtropfen lassen. Die Reisnudeln auf Küchenkrepp geben und leicht antrocknen lassen.
- Sojasauce, Chilisauce, Reisweinessig und die Gemüsebrühe verrühren und alles etwa 15 Minuten durchziehen lassen.
- Die Hähnchenbrustfilets kalt abwaschen, mit Küchenkrepp trocken tupfen und in feine Streifen schneiden. 1 EL Erdnussöl in einer großen beschichteten Pfanne oder einem Wok erhitzen, das Hähnchenfleisch darin portionsweise unter ständigem Rühren braten. Das Fleisch mit Salz und Pfeffer würzen und kalt stellen.
- Den Eisbergsalat putzen und die Blätter ablösen. Dabei die Strunkansätze und feste Blattrippen entfernen. Die Blätter waschen, trocken schütteln und in feine Streifen schneiden.
- Die Frühlingszwiebeln putzen, waschen und schräg in Ringe schneiden. Die Ingwerknolle schälen und mit den Nüssen fein hacken.
- Das restliche Erdnussöl in einer beschichteten Pfanne erhitzen und die vorbereiteten Reisnudeln darin bei großer Hitze etwa 2 Minuten braten. Das Ganze abkühlen lassen.
- Die Nudeln, die Salatstreifen, die Frühlingszwiebeln und das Hähnchenfleisch in einer großen Schüssel vermischen. Das Dressing darübergießen, gut untermischen und alles mit den Nüssen und dem Ingwer bestreuen.
- Die Korianderblätter von den Stielen zupfen, waschen, trocken schütteln und fein hacken. Zum Schluss das Koriandergrün auf den Salat streuen.

Nährwerte pro Portion:
349 kcal/ 31,2 g E/ 30,8 g KH/ 10,7 g F/ 27,6 % Fettkalorien

▶ **Für 4 Personen**
schön für Gäste ⊙ **40 Min. Abkühlzeit**

150 g	chinesische Reisnudeln
3 EL	helle Sojasauce
1 TL	chinesische Chilisauce
3 EL	Reisweinessig
80 ml	Gemüsebrühe
400 g	Hähnchenbrustfilet
2 EL	Erdnussöl
	Salz
	weißer Pfeffer aus der Mühle
1	kleiner Eisbergsalat
½	Bund Frühlingszwiebeln
3 cm	Ingwerknolle
20 g	Cashewnüsse
	einige Zweige Koriandergrün

Salatsaucen

Salate sind natürlich super – wenn nur nicht die gängigen Dressings alle viel zu fett wären. Probieren Sie unsere Dressings aus – Sie werden begeistert sein!

›› Grundrezept Salat-Dressing

Dieses Grundrezept lässt sich hervorragend variieren, indem man wenige Zutaten ergänzt.

▶ **Für 300 ml**
geht schnell ⊘ **10 Min.**
½ TL Salz · 100 ml Rotweinessig
schwarzer Pfeffer aus der Mühle
1 EL Zucker · 2 gehackte Knoblauchzehen · 2 TL Worcestersauce
1 EL Dijon-Senf · 1 EL Zitronensaft

- Salz im Essig auflösen. Die übrigen Zutaten zufügen und gut mischen.
- Gut verschlossen im Kühlschrank aufbewahren. Das Aroma entfaltet sich besser, wenn man das Dressing einen Tag vorher zubereitet.

Nährwerte Grundrezept:
46 kcal/ 0,5 g E/ 0,1 g F/ 6,7 g KH
2 % Fettkalorien

Variationen

Italian Dressing
- 1 TL frisches Oregano, Basilikum und Estragon zufügen (bei getrockneten Kräutern je ½ TL)

Asiatisches Dressing
- 1 TL Curry und ⅛ TL geriebenen Ingwer zufügen

Mexikanisches Dressing
- 1 TL gemahlenen Kreuzkümmel beigeben

Estragon-Dressing
- 3 EL frischen oder 1 TL getrockneten Estragon zufügen

›› Honig-Dressing

Dieses süßlich-aromatische Dressing passt hervorragend zu Blattsalaten und auch zu Hähnchen- und Putenfleisch.

▶ **für 150 ml**
geht schnell ⊘ **5 Min.**
150 g Joghurt, 1,5 % Fett · 1 TL süßer Senf · 1 TL Aceto balsamico · Pfeffer aus der Mühle · Salz · 1 TL flüssiger Honig

- Alle Zutaten mit dem Schneebesen verquirlen.

Nährwerte insgesamt:
110 kcal/ 5,2 g E/ 15,5 g KH/ 2,3 g F
18,8 % Fettkalorien

FETTSPAR-TIPPS

Salatsaucen auf die leichte Art

Einen Esslöffel Öl mit Brühe, Gemüse- oder Fleischfond und Aceto balsamico mischen. Kräuter und ein bisschen Zucker, oder besser Süßstoff, runden das Dressing ab.
Wer mutiger ist, kann einen Obst-Smoothie mit Essig, einer Knoblauchzehe, einem TL Senf und einem TL Öl mit etwas Salz und einem Schuss Weißwein (geht auch ohne Wein!) zu einer Sauce pürieren.
Verwenden Sie nur erstklassiges, kalt gepresstes Öl und experimentieren Sie mit frischen Kräutern (Kerbel, Schnittlauch, Basilikum, Thymian, Minze …) oder würzigen Salatsorten (Bärlauch, Radicchio, Sauerampfer, Rucola …).

Thousand-Island-Dressing

Der leckere Klassiker in seiner fettarmen Variante.

▶ **für 4 Personen**
geht schnell ⊙ **5 Min.**
150 g Joghurt, 1,5 % Fett · 1 EL Aceto balsamico · Pfeffer aus der Mühle · Salz · 2 EL Tomatenketchup · 1 kleine, fein gewürfelte Gewürzgurke · ¼ rote, fein gewürfelte Paprikaschote

- Joghurt mit Essig, Pfeffer, Salz und Ketchup verquirlen.
- Das gewürfelte Gemüse dazugeben und verrühren.

Tipp

Mit 100 g Magerquark und 1 TL Senf zusätzlich ergibt das Dressing schnell einen Dip, der zu Kartoffeln und Gegrilltem passt.

Nährwerte pro Portion:
30,6 kcal/ 2 g E/ 4 g KH/ 0,6 g F
17,7 % Fettkalorien

Nährwerte pro Person vom Dip:
50,6 kcal/ 5,5 g E/ 5 g KH/ 0,7 g F
12,5 % Fettkalorien

Orangen-Dressing

Passt gut zu Salat mit Obst.

▶ **für 150 ml**
geht schnell ⊙ **5 Min.**
2 frisch gepresste Orangen · Salz · Pfeffer aus der Mühle · ½ gepresste Knoblauchzehe · frische oder getrocknete Kräuter

- Alle Zutaten mit einem Schneebesen miteinander verquirlen.

Nährwerte insgesamt:
157 kcal/ 4 g E/ 30 g KH/ 0,7 g F
4 % Fettkalorien

Pikantes Senf-Dressing

Passt zu herzhafteren Salaten.

▶ **für 150 ml**
geht schnell ⊙ **5 Min.**
150 g Joghurt, 1,5 % Fett · 1 TL mittelscharfer Senf · 1 TL Aceto balsamico Pfeffer aus der Mühle · Salz · frische oder getrocknete Kräuter · ½ gepresste Knoblauchzehe

- Alle Zutaten mit einem Schneebesen miteinander verquirlen.

Nährwerte insgesamt:
93,5 kcal/ 8 g E/ 8,9 g KH/ 2,7 g F
26 % Fettkalorien

Mango-Salsa

Fruchtig-exotischer Dip zu Geflügel- und Fischgerichten. Eignet sich auch als Dressing für Obstsalat!

▶ **Für ca. 8 Portionen**
schön für Gäste ⏱ **15 Min.**
500 g Mango · 1 Schalotte · 1 Knoblauch-zehe · 3 Stiele Koriander · 1 grüne Chili-schote · 1 EL Reisessig · 2 EL Limettensaft

- Mango halbieren, den Kern entfernen, schälen und das Fruchtfleisch würfeln.
- Schalotte und Knoblauch abziehen, Schalotte würfeln, Knoblauch pressen.
- Koriander waschen, trocknen und fein schneiden.
- Die Chilischote waschen, halbieren und entkernen. Die Hälften quer in dünne Scheiben schneiden. Mit Handschuhen arbeiten, sonst sofort danach die Hände waschen.
- Alle Zutaten miteinander vermengen.

Nährwerte pro Portion:
43 kcal/ 0,6 g E/ 0,5 g F/ 8,6 g KH
10,5 % Fettkalorien

▶ Wenn die Mango schon sehr reif und weich ist, reicht kräftiges Verrühren der Zutaten, um eine cremige Konsistenz herzustellen, ansonsten muss das Ganze püriert werden.

Auberginendip »Speciale«

Der Auberginendip eignet sich gut als Vorspeise.

▶ **Für 6 Personen**

braucht etwas Zeit ⏱ **50 Min.**

2 Auberginen (ca. 450 g) · 2 EL Zitronensaft · 2 EL Olivenöl
4 EL Petersilie · 2 Knoblauchzehen · Salz · Pfeffer aus der
Mühle · 12 Scheiben getoastetes Weißbrot

- Den Backofen auf 200 °C (Gas Stufe 3 – 4) vorheizen.
- Die Auberginen waschen und danach auf ein Backblech
  legen und etwa 40 Minuten backen, bis sie weich sind. Aus
  dem Ofen nehmen und stehen lassen, bis sie völlig erkaltet
  sind. Die Stiele entfernen (ein Tuch oder Handschuhe benutzen, damit die kleinen Stacheln nicht in die Haut eindringen – es kann außerordentlich schwierig sein, sie
  wieder herauszuziehen).
- Die Petersilie waschen und fein hacken. Knoblauchzehen
  schälen und zerdrücken.
- Die Auberginen im Mixer oder in der Küchenmaschine
  mit Zitronensaft, Öl, Petersilie und Knoblauch pürieren.
  (Oder die Auberginen von Hand fein hacken, dann zerdrücken und mit den anderen Zutaten vermischen.)
- Mit Salz und Pfeffer abschmecken.
- Den Dip auf sechs Tellern, mit Petersilie und Zitronenscheiben garniert, servieren und das frisch getoastete
  Weißbrot dazu reichen.

Nährwerte pro Portion:
186 kcal/ 5,1 g E/ 27,9 g KH/ 5,6 g F/ 27,1 % Fettkalorien

Krabbendip

Wenn Sie beim Essen die Augen schließen, können Sie
die frische Nordseebrise förmlich spüren.

▶ **Für 4 Personen**

geht schnell ⏱ **10 Min.**

600 g Nordseekrabbenfleisch · 1 Zitrone, den Saft · 1 Bund
Dill · 500 g Quark, 0,2 % Fett · 250 g Joghurt, 0,1 % Fett · Salz
Pfeffer aus der Mühle · 1 EL Meerrettich (Glas) · 100 g Rucola
1 Bund Schnittlauch

- Krabben abspülen, abtropfen lassen und mit Zitronensaft
  und klein geschnittenem Dill vermischen.
- Quark mit Joghurt verrühren, mit Salz, Pfeffer und Meer-
  rettich abschmecken.
- Rucola waschen, trocken schleudern, grob hacken,
  Schnittlauch waschen, klein schneiden und unter die
  Masse rühren.
- Zusammen mit den Krabben reichen.

Tipp
Ein Genuss zu Pellkartoffeln.

Nährwerte pro Person:
318 kcal/ 39 g E/ 32 g KH/ 2,8 g F/ 7,9 % Fettkalorien

KLEINE GERICHTE

KLEINE GERICHTE

Schafskäsedip

Der würzig-kräftige Geschmack passt gut zu Gemüsesticks.

▶ **Für 4 Personen**
gelingt leicht ⊙ **10 Min.**
100 g Schafskäse · 500 g Quark, 0,2 % Fett · 3 Frühlingszwiebeln · 1 Bund Schnittlauch · Salz · Pfeffer aus der Mühle

- Schafskäse mit einer Gabel zerdrücken und mit dem Quark gut verrühren.
- Frühlingszwiebeln und den Schnittlauch waschen, in Ringe schneiden,
- Beides unter die Quarkmasse rühren.
- Mit Salz und Pfeffer abschmecken.

Nährwerte pro Portion:
171 kcal/ 12 g E/ 19 g KH/ 4,9 g F
25,8 % Fettkalorien

Tomatendip

Diesen Dip können Sie gut zu Ofenkartoffeln, gegrilltem Fleisch oder gegrilltem Gemüse reichen.

▶ **Für 4 Personen**
preisgünstig ⊙ **10 Min.**
1 kleine Zwiebel · 3 EL Gemüsebrühe 250 g stückige Tomaten aus der Dose Salz · Zucker · Chilipulver

- Die Zwiebel schälen, fein hacken und in der Gemüsebrühe andünsten.
- Die Tomaten zugeben und ca. 5 Minuten dicklich einkochen.
- Mit Salz, Zucker und Chili würzen.

Nährwerte pro Portion:
15,9 kcal/ 0,6 g E/ 2,4 g KH/ 0,3 g F
17 % Fettkalorien

Tzatziki

Passt nicht nur gut zu allen Fleischsorten ... Kartoffeln, Brot und Salate profitieren gleichermaßen von der cremigen Würze.

▶ **Für 10 Portionen**
gut vorzubereiten, gelingt leicht, preisgünstig ⊙ **20 Min., Wartezeit: 2 Std.**
250 g Joghurt, 1,5 % · 250 g Quark, 0,2 % Fett · 400 g Salatgurke (1 große) 5 Knoblauchzehen · 1 TL Salz 1 Bund Dill

- Knoblauch schälen und pressen.
- Gurke schälen, auf einer Reibe grob reiben. Das Salz zugeben und zugedeckt 30 Minuten stehen lassen. Danach das Gurkenwasser abgießen, noch einen kleinen Rest zurückbehalten.
- Joghurt und Quark zugeben und mit der Gurke vermengen. Flüssig genug? Wenn nicht, noch etwas von dem Gurkenwasser beigeben.
- Den Knoblauch pellen und durch die Presse drücken, den Dill waschen, trocken tupfen und grob hacken. Alles hinzufügen und zugedeckt (!) im Kühlschrank noch mindestens eineinhalb Stunden ziehen lassen.

Nährwerte pro Portion:
44 kcal/ 3,2 g E/ 6,4 g KH/ 0,5 g F
10,2 % Fettkalorien

›› Crevettenecken

Gut gekühlt sind die Crevettenecken auch ein leckerer Picknicksnack.

▶ **Für 2 Personen**

schön für Gäste ⏱ **15 Min.**

75 g geschälte Krabben oder Crevetten · ½ Zitrone, den Saft · 3 EL Crème fraîche légère · 1 Frühlingszwiebel
1 Scheibe Ananas (frisch oder aus der Dose) · 2 EL gehackter Dill · Salz
schwarzer Pfeffer aus der Mühle
Cayennepfeffer · 1 EL Sojasauce
1 Msp. Fünf-Gewürze-Pulver
4 Scheiben Toastbrot à 40 g

- Die Krabben oder Crevetten mit dem Zitronensaft und der Crème fraîche légère im Mixer oder mit dem Pürierstab pürieren.
- Die Frühlingszwiebel waschen, in feine Streifen schneiden. Die Ananasscheibe fein würfeln. Beides mit dem Dill unter die Krabbenmasse heben.
- Alles mit Salz, Pfeffer, Cayennepfeffer, Sojasauce und Fünf-Gewürze-Pulver abschmecken.
- Die Brotscheiben toasten, die Masse gleichmäßig darauf verteilen, zusammenklappen, schräg halbieren, anrichten und servieren.

Nährwerte pro Portion:
342 kcal/ 14,6 g E/ 46,2 g KH
10,5 g F/ 27,6 % Fettkalorien

›› Fruchtige Tatarschnittchen

Diese kleinen Köstlichkeiten werden garantiert rasch verzehrt.

▶ **Für 4 Personen**

schön für Gäste ⏱ **30 Min.**

2 frische, grüne Chilischoten
2 Knoblauchzehen · 1 cm frische Ingwerknolle · 100 g rote Johannisbeeren · 250 g mageres Rinderhackfleisch (Tatar) · Salz · 2 EL Kokosraspel · Pfeffer aus der Mühle · 1 TL gemahlener Curry · ½ TL Kreuzkümmel · 8 Scheiben Toastbrot à 30 g

- Die Chilischoten waschen, entkernen und fein würfeln. Mit Handschuhen arbeiten, sonst danach sofort die Hände waschen!
- Die Knoblauchzehen und den Ingwer schälen und fein würfeln.
- Die Johannisbeeren waschen, von den Rispen zupfen und mit Küchenkrepp trocken tupfen.
- Das Hackfleisch mit Chili, Knoblauch, Ingwer, Kokosraspeln und Johannisbeeren vermischen. Mit Salz, Pfeffer, Curry und Kreuzkümmel würzen.
- Die Toastbrotscheiben knusprig toasten. Den Fleischteig auf 4 Scheiben verteilen und glatt streichen. Je 1 Toastbrotscheibe daraufdrücken und jeweils in 4 Dreiecke schneiden.

Nährwerte pro Portion:
283 kcal/ 18,7 g E/ 32 g KH
8,7 g F/ 27,7 % Fettkalorien

›› Frühlingsecken

Lieben Sie einen kräftigen Kräuter-Knoblauch-Geschmack? – Dann ist dieses Rezept genau richtig.

▶ **Für 2 Personen**

gelingt leicht ⏱ **ca. 15 Min.**

2 Frühlingszwiebeln · 1 Knoblauchzehe · 4 EL Magerquark · ½ EL gehackte Petersilie · ½ EL gehackte Brunnenkresse · ½ EL gehackte Minze · 1-2 TL kohlensäurehaltiges Mineralwasser
1 EL geriebener Emmentaler, 30 % Fett · Salz · schwarzer Pfeffer aus der Mühle · Cayennepfeffer · 1 TL Tzatzikigewürz · 4 Scheiben Toastbrot

- Frühlingszwiebeln waschen, schälen und in kleine Würfel schneiden.
- Knoblauch pellen und pressen.
- Den Quark mit den Frühlingszwiebeln, dem Knoblauch und den Kräutern glatt rühren, zum Schluss das Mineralwasser dazugeben und den Käse untermischen. Alles mit den Gewürzen abschmecken.
- Die Brotscheiben toasten und mit der Quarkmasse bestreichen. Je zwei Toastscheiben zusammenklappen, schräg halbieren, anrichten und sofort servieren.

Nährwerte pro Portion:
214 kcal/ 11 g E/ 32 g KH
4,4 g F/ 18,5 % Fettkalorien

>> Mexikanische Muffins

Der etwas größere Aufwand lohnt sich auf jeden Fall!

- Die Chilischote längs aufschlitzen, entkernen und fein würfeln. Mit Handschuhen arbeiten, sonst danach sofort die Hände waschen!
- Chilischote, Rinderhack, Magerquark, Tomatenmark und Semmelbrösel verkneten, mit Salz und Pfeffer abschmecken. Mit feuchten Händen 6 Klößchen formen und in einer beschichteten Pfanne ohne Zugabe von Fett knusprig braun braten. Beiseite stellen.
- Den Backofen auf 200 °C vorheizen.
- Die Paprikaschote vierteln, Scheidewände herausschneiden, entkernen, waschen und in kleine Würfel schneiden.
- Das Ei trennen. Das Eigelb mit der Buttermilch und der Halbfettmargarine verrühren. Das Eiweiß mit einer Prise Salz steif schlagen.
- Mehl, Maisgrieß, Backpulver und Natron mischen und unter die Buttermilchmasse rühren. Die Paprikawürfel und die Petersilie daruntermischen. Zum Schluss den Eischnee unterheben.
- Ein Muffinblech mit 6 Mulden leicht mit dem Backspray einfetten. Die Hälfte des Teigs in die Mulden füllen. Die Hackbällchen darauf setzen und den restlichen Teig darüber verteilen.
- Die Muffins im heißen Backofen auf mittlerer Einschiebhöhe etwa 15–20 Minuten backen.

Nährwerte pro Portion:
157 kcal / 8,1 g E / 20,6 g KH / 4,5 g F / 25,8 % Fettkalorien

▶ **Für 6 Stück**

schön für Gäste ⏱ **30 Min.,
Backzeit: 20 Min.**

1	kleine rote Chilischote
100 g	mageres Rinderhackfleisch
1 EL	Magerquark
1 TL	Tomatenmark
20 g	Semmelbrösel
	Salz
	Pfeffer aus der Mühle
½	rote Paprikaschote
1	Ei
⅛ l	Buttermilch
2 EL	Halbfettmargarine, flüssig
50 g	Mehl
80 g	Maisgrieß
1 TL	Backpulver
1 Msp.	Natron
1 EL	fein gehackte Petersilie
	Backspray zum Einfetten der Form

KLEINE GERICHTE

Leichtes Picknick-Sandwich

Dieses superleckere Sandwich ist der Renner.

▶ **Für 2 Personen**

gelingt leicht ⏱ **20 Min.**

2 EL Magerquark · 1 TL fein geschnittenes Oregano
1 TL Basilikum · 1 TL Schnittlauchröllchen · Salz · schwarzer
Pfeffer aus der Mühle · 2 EL Tomatenmark · ½ Salatgurke
1 Dose Thunfisch in Wasser (185 g Einwaage) · 1 hart ge-
kochtes Ei · 2 Baguettes à 100 g · einige Blätter römischer
Salat

- Den Quark glatt rühren, mit zwei Dritteln der Kräuter mischen und mit etwas Salz, Pfeffer und dem Tomatenmark
abschmecken. Die restlichen Kräuter beiseite legen.
- Die Salatgurke waschen und in Scheiben schneiden. Den
Thunfisch gut abtropfen lassen und zerpflücken. Das hart
gekochte Ei schälen und in Scheiben schneiden.
- Die Baguettes längs halbieren und mit der Quarkcreme
bestreichen. Die unteren Hälften mit den Salatblättern
belegen. Darauf fischgrätenförmig abwechselnd die Gurken und Eischeiben sowie die Thunfischstücke legen und
mit den restlichen Kräutern bestreuen. Die oberen Brot-
hälften darauflegen.

Nährwerte pro Portion:
490 kcal/ 30,7 g E/ 55 g KH/ 16 g F/ 29,4 % Fettkalorien

FETTSPAR-TIPPS

Sauerkonserven bringen Abwechslung

Damit ist das große Angebot an Gürkchen, Corni-
chons, Silberzwiebeln und Mixedpickles gemeint.
Schön sauer eingelegt – und ideal als Basis für
Saucen, als Rouladenfüllungen, für Hamburger und
Sandwiches und als Pep für viele Brotaufstriche. In
Verbindung mit Nudeln, Reis oder Couscous lassen
sich herrliche Sommersalate mit Sauerkonserven machen und ein Kartoffelsalat mit Joghurt, Kräutern und
sauren Gurken wird zum Hit jeder Grillparty.
Klassische Sauerkonserven enthalten kein Fett. Aber
Vorsicht: Es gibt auch ölige Varianten. Bevor Sie also
ein Konservenglas einpacken, werfen Sie noch einen
Blick auf das Etikett. Entdecken Sie bei den Zutaten
das Wörtchen Pflanzenöl, Olivenöl oder anderes Öl:
Hände weg! Schon wenige Tropfen Öl genügen, um
aus einem LowFett 30-Genuss eine High-Fett-Falle zu
machen.

Pizzatoast

Viel mehr Geschmack und viel weniger Fettkalorien
als jede Fertigpizza.

▶ **Für 4 Personen**

schön für Gäste ⊙ **10 Min., Backzeit: 5 Min.**

100 ml passierte Tomaten · Salz · schwarzer Pfeffer aus der
Mühle · 1 – 2 TL getrocknete italienische Kräutermischung
125 g fettreduzierter Mozzarella · 240 g Artischockenherzen
aus der Dose · 4 Scheiben Toastbrot à 40 g · 100 g Lachsschinken · 1 Zweig Basilikum · 1 Zweig Oregano

- Den Backofen auf 200 °C vorheizen. Die Tomaten in eine
  Schüssel geben und mit Salz, Pfeffer und etwa 1 TL Kräutermischung abschmecken.
- Den Mozzarella und die Artischocken gut abtropfen lassen
  und in Scheiben schneiden.
- Die Toastbrotscheiben hell rösten, mit den passierten Tomaten bestreichen und mit Artischocken, Lachsschinken
  und Mozzarella belegen. Auf ein mit Backpapier belegtes
  Backblech setzen und mit etwas Kräutermischung bestreuen.
- Die Pizzatoasts im Backofen auf der zweiten Einschub-
  leiste von oben 5 – 10 Minuten überbacken.
- Das Basilikum und den Oregano waschen und trocken
  schütteln. Die Blättchen abzupfen. Die Basilikumblättchen
  in feine Streifen schneiden und die Oreganoblättchen fein
  hacken. Die Pizzatoasts vor dem Servieren damit garnieren.

Nährwerte pro Portion:
195 kcal/ 16,7 g E/ 20,1 g KH/ 5 g F/ 23,1 % Fettkalorien

Schlemmerbaguette

Und noch eine herzhafte Köstlichkeit. Der Duft aus dem
Ofen wird alle in die Küche locken.

▶ **Für 4 Personen**

braucht etwas Zeit ⊙ **ca. 25 Min., Backzeit: 8 Min.**

150 g Schweinefilet · ½ Fenchelknolle · 100 g Möhren · 1 TL
Rapsöl · Salz · schwarzer Pfeffer aus der Mühle · 1 EL Sojasauce · 1 TL Tomatenketchup · 1 EL trockener Sherry · 1 TL
Speisestärke · ¼ TL gemahlener Ingwer · 2 Baguette-Brötchen à 60 g · 80 g Ziegenweichkäse mit Blauschimmel
(45 % Fett) · frische Kräuter zum Garnieren

- Das Schweinefilet waschen, trocken tupfen und in feine
  Streifen schneiden. Den Fenchel putzen und waschen.
  Die Möhren schälen und waschen. Beides trocken tupfen
  und in feine Stifte schneiden. Den Backofen auf 200°C
  vorheizen.
- Das Öl in einer beschichteten Pfanne erhitzen und die
  Filetstreifen darin rundum etwa 5 Minuten braten. Salzen,
  pfeffern und aus der Pfanne nehmen. Das Gemüse in der
  gleichen Pfanne unter Rühren anbraten, bei Bedarf ein
  wenig Wasser zufügen. Das Fleisch wieder zum Gemüse
  geben.
- Die Sojasauce mit Ketchup, Sherry, Speisestärke und
  Ingwerpulver verrühren, zur Fleisch-Gemüse-Mischung
  geben und alles unter Rühren weitere 3 Minuten leicht
  köcheln lassen.
- Die Baguette-Brötchen längs halbieren, etwas aushöhlen
  und mit der Fleisch-Gemüse-Mischung füllen.
- Den Käse zerkrümeln und auf die Baguette-Brötchen
  streuen. Die Schlemmerbaguettes auf der mittleren
  Schiene des Backofens etwa 8 Minuten überbacken, herausnehmen, anrichten und mit den Kräutern garnieren.

Nährwerte pro Portion:
189 kcal/ 16,6 g E/ 19 g KH/ 4,5 g F/ 21,4 % Fettkalorien

KLEINE GERICHTE

Waldpilzrisotto

Ob als eigenständiges Gericht oder als Beilage,
das Waldpilzrisotto ist immer ein besonderer Genuss.

▶ **Für 4 Personen als Beilage, für 2 Personen als Hauptgericht**
gelingt leicht ⊘ **30 Min.**
1 TL Olivenöl · 200 g Risottoreis · 100 ml Weißwein
500 ml Geflügelbrühe · 300 g Pilze (z. B. Pfifferlinge, Stein-
pilze) · 1 TL Butter · 2 Schalotten · 1 Knoblauchzehe · 1 Bund
Petersilie · 25 g frisch geriebener Parmesankäse · Salz
weißer Pfeffer aus der Mühle · Muskat

- Olivenöl in einem Topf erhitzen, den Reis darin andünsten,
  mit Wein und Brühe ablöschen, ab und an umrühren und
  langsam 20 Minuten köcheln lassen, bis der Reis weich ist.
- In der Zwischenzeit die Pilze putzen, in grobe Würfel
  schneiden.
- Schalotten und Knoblauch schälen, in feine Würfel
  schneiden.
- In einer beschichteten Pfanne die Butter erhitzen und
  die Pilze mit den Schalotten und dem Knoblauch darin
  andünsten.
- Die Petersilie waschen, trockentupfen, fein hacken.
- Zum Risotto den Parmesankäse geben, mit Salz, Pfeffer und
  Muskat abschmecken. Die gedünsteten Pilze unterheben
  und mit Petersilie bestreuen.

Nährwerte pro Portion (als Hauptgericht für 2 Personen):
556 kcal/ 18 g E/ 83,6 g KH/ 12,2 g F/ 19,75 % Fettkalorien

Nährwerte pro Portion (als Beilage für 4 Personen):
278 kcal/ 9 g E/ 41,8 g KH/ 6,1 g F/ 19,75 % Fettkalorien

≫ Chinesische Honig-Nudeln mit Sprossen

Die Kontraste machen den Reiz aus: von süß bis scharf, von weich bis knackig.

▶ **Für 4 Personen**
gelingt leicht ⊙ **30 Min.**

250 g chinesische Eiernudeln
1 Stange Lauch
2 cm frische Ingwerwurzel
100 g frische Sojasprossen
100 g eingelegte, kleine Maiskölbchen
200 g Weißkohl
30 g Sesamsamen
1 EL Sesamöl
Salz
Pfeffer aus der Mühle
¼ TL Kurkuma
1 Msp. Cayennepfeffer
5 EL Sojasauce
2 EL Honig
1 EL grüner Tabasco
1 Beet
Gartenkresse

- Die Eiernudeln in Stücke brechen, in eine Schüssel legen, mit kochend heißem Wasser übergießen und einige Minuten stehen lassen. Die Nudeln in ein Sieb abgießen und abtropfen lassen.
- Den Lauch längs halbieren, zwischen den Blattschichten unter fließendem Wasser waschen und quer in feine Streifen schneiden. Den Ingwer schälen und fein würfeln. Die Sojabohnensprossen in ein Sieb geben, abspülen und gut abtropfen lassen. Die Maiskölbchen je nach Größe halbieren.
- Den Weißkohl fein hobeln, waschen und in einem Sieb abtropfen lassen. Den Wok ohne Fett erhitzen, die Sesamsamen darin unter Rühren kurz rösten, bis sie duften. Herausnehmen, auf einen Teller geben und beiseite stellen.
- Das Öl im Wok erhitzen, den Lauch, den Ingwer und den Kohl darin unter Rühren etwa 3 Minuten anbraten. Die Sojasprossen und die Maiskölbchen hinzufügen.
- Die Nudeln unterheben, erhitzen und alles mit Salz, Pfeffer, Kurkuma und Cayennepfeffer würzen. Die Sojasauce mit dem Honig verrühren und mit dem Sesam untermischen. Alles mit grünem Tabasco abschmecken, auf 4 Teller oder Schälchen verteilen und mit »Kresseträußchen« garnieren.

Nährwerte pro Portion:
388 kcal / 15,5 g E / 55,6 g KH / 11 g F / 25,5 % Fettkalorien

›› Kohlrabi-Zuckerschoten-Auflauf

Der Kohlrabi und die Zuckerschoten ergänzen sich in ihrem süßlich, feinen Geschmack.

▶ **Für 4 Personen**

gelingt leicht ⏱ **35 Min., Backzeit: 35 Min.**

400 g vorwiegend festkochende Kartoffeln · 400 g Kohlrabi 400 g Zuckerschoten · Salz · Backspray zum Einfetten der Form · 1 Bund Kerbel · 1 Bund glattblättrige Petersilie · 250 g Joghurt, 1,5 % · 150 g saure Sahne (10 % Fett) · 1 gestrichener TL Speisestärke · 1 Ei · 2 TL Meerrettich (aus dem Glas) weißer Pfeffer aus der Mühle · 80 g Käse (Dreiviertelfettstufe)

- Kartoffeln und Kohlrabi waschen, schälen und in kleine Würfel schneiden. Die Zuckerschoten waschen, putzen, evtl. entfädeln und schräg halbieren.
- Reichlich Salzwasser in einem großen Topf zum Kochen bringen, Kartoffeln und Kohlrabi etwa 10 Minuten garen, nach 5 Minuten die Zuckerschoten dazugeben. Alles in ein Sieb geben und gut abtropfen lassen.
- Den Backofen auf 200 °C vorheizen.
- Auflaufform einfetten. Das Gemüse in die Auflaufform geben.
- Die Kräuter waschen, trocken schütteln, die Blättchen von den Stielen zupfen und fein hacken.
- Joghurt, saure Sahne, Speisestärke, Ei und Meerrettich in einer Schüssel mit einem Schneebesen verquirlen, mit Salz und Pfeffer kräftig abschmecken. Die Kräuter darunterheben und auf den Auflauf gießen.
- Den Käse fein reiben und auf dem Auflauf verteilen. Diesen auf der mittleren Schiene etwa 35 Minuten backen.

Nährwerte pro Portion:
310 kcal/ 19,5 g E/ 33,9 g KH/ 10 g F/ 29 % Fettkalorien

FETTSPAR-TIPPS

Her mit dem Gemüse!

- 300 g Gemüse sollten wir pro Tag mindestens essen, dazu zwei Portionen Obst. Und wenn es etwas mehr Gemüse wird, ist das auch kein Problem. Was aber tun, wenn einem die Ideen beim Gemüse ausgehen?
- Fein gehobelter Kohlrabi, nur wenige Minuten in etwas Wasser gedünstet und mit Salz und Muskatnuss gewürzt, schmeckt super, wenn man ihn – lauwarm – auf eine Scheibe getoastetes und mit Tomatenmark bestrichenes Brot schichtet und darüber reichlich mit Kräutern gewürzten Jogurt begießt.
- 1 Packung Cherrytomaten hat 250 g und ist eine leckere Alternative zu Chips.
- Paprika können Sie grob pürieren, kräftig würzen (z. B. mit etwas Chili) und über Reis und Nudeln zu einem kräftigen Reis- oder Nudelsalat vermengen.
- Gemüse ist ein toller Snack fürs Büro und unterwegs: waschen, schneiden … fertig ist der kleine Imbiss. (Nehmen Sie bei Tomaten Cherry-Tomaten, damit Sie sich im Büro nicht Ihre Bluse oder Ihren Schlips bekleckern!)
- Wenn Sie gerne kochen, können wir Ihnen vor allen Dingen Pilze empfehlen: Sie sind unfassbar kalorienarm, wenn man bedenkt, wie satt sie machen (keine Sorte über 20 kcal pro 100 g) und sie enthalten hochwertiges, pflanzliches Eiweiß.

HAUPTGERICHTE

Kürbis-Möhren-Auflauf

Dieser herbstliche Auflauf macht glücklich! Er wärmt nicht nur den Magen, sondern auch das Herz!

▶ **Für 4 Personen**

schön für Gäste ⏲ **35 Min., Backzeit: 25 Min.**

600 g Kürbis · 300 g Möhren · 2 cm Ingwerknolle · ¼ l herber Apfelwein (Cidre) · 1 Gewürznelke · 1 EL Sonnenblumenkerne Backspray zum Einfetten der Form · 200 g Joghurt, 1,5 % Fett 1 gestrichener TL Speisestärke · 1 Ei · Salz · Zitronenpfeffer Kurkuma

- Das Gemüse schälen und putzen. Den Kürbis entkernen und in etwa 1 – 2 cm große Stücke schneiden. Die Möhren in dünne Scheiben schneiden. Den Ingwer schälen und fein hacken.
- Den Cidre in einem Topf erhitzen. Zwei Drittel des Ingwers, Gewürznelke, Möhren und Kürbis dazugeben, zum Kochen bringen und 5 – 10 Minuten bei mittlerer Hitze garen. Die Mischung in einem Sieb gut abtropfen lassen.
- Den Backofen auf 225 °C vorheizen.
- Die Sonnenblumenkerne in einer beschichteten Pfanne ohne Fett anrösten.
- Eine Auflaufform einfetten, das Gemüse hineingeben und mit den Sonnenblumenkernen bestreuen.
- Den Joghurt mit der Stärke und dem Ei glatt rühren, den restlichen Ingwer daruntermischen, mit Salz, Zitronenpfeffer und Kurkuma pikant abschmecken. Die Sauce über den Auflauf gießen und auf der mittleren Schiene etwa 25 Minuten backen.

Nährwerte pro Portion:

192 kcal/ 8,2 g E/ 21,5 g KH/ 5,4 g F/ 25,3 % Fettkalorien

Indisches Linsencurry

Dieses exotische Linsengericht eignet sich auch gut als Beilage. Dann reicht die Menge für 4 Personen.

▶ **Für 2 Personen**

gelingt leicht ⏲ **30 Min.**

130 g rote Linsen · Salz · schwarzer Pfeffer aus der Mühle 3 Frühlingszwiebeln · 1 Knoblauchzehe · 1 rote Chilischote 1 rote Paprikaschote · 1 EL Rapsöl · 1 Msp. Garam Masala 1 Msp. gemahlener Kurkuma · 1 Msp. Koriander · 1 Msp. Kreuzkümmel

- Die Linsen waschen, verlesen, in gut 125 ml kaltem Wasser aufsetzen, salzen und pfeffern und zugedeckt etwa 5 – 8 Minuten nicht zu weich garen.
- Inzwischen die Frühlingszwiebeln putzen, waschen und in schräge Stücke und Ringe schneiden. Den Knoblauch schälen und fein hacken. Die Chilischote entkernen, waschen und in feine Ringe schneiden. Mit Küchenhandschuhen arbeiten, sonst sofort danach die Hände waschen. Die Paprikaschote waschen, vierteln, Kerne und weiße Innenhäute entfernen und in feine Streifen schneiden.
- Das Öl in einer beschichteten Pfanne erhitzen. Die Frühlingszwiebeln, den Knoblauch, die Chiliringe und die Paprikastreifen darin unter Rühren etwa 2 Minuten braten. Die Gewürze zufügen, kurz mit anschwitzen, dann die gekochten Linsen mit der Flüssigkeit dazugeben. Alles kurz verrühren und erhitzen, mit Salz und Pfeffer abschmecken und heiß servieren.

Nährwerte pro Portion:

148 kcal/ 8,3 g E/ 20 g KH/ 3,7 g F/ 22,5 % Fettkalorien

▶ Mit frischen Kräutern können Sie jedes Rezept bereichern. Geben Sie diese aber erst kurz vor dem Servieren dazu, damit die wertvollen Inhaltsstoffe erhalten bleiben.

>> Mangold-Kartoffel-Curry in Kokosmilch

Mangold und Kartoffeln harmonieren sehr gut mit den indischen Gewürzen.

▶ **Für 4 Personen**
schön für Gäste ⊘ **30 Min.,**
Garzeit: 15 Min.

1 kg	Mangold
750 g	Kartoffeln
200 g	Austernpilze
200 ml	Gemüsebrühe
2	rote Chilischoten
2	Stängel Zitronengras
2	Knoblauchzehen
1 cm	Ingwer
1 TL	Sonnenblumenöl
1 EL	Zucker
1 EL	grüne Currypaste
1 TL	Kurkumapulver
4 EL	Sojasauce
150 g	ungesüßte Kokosmilch
1 EL	Speisestärke bei Bedarf

- Den Mangold in Blätter zerteilen, putzen und waschen. Die Kartoffeln schälen, waschen und in etwa 2 cm große Würfel schneiden. Die Austernpilze waschen, putzen und in Streifen schneiden. Die Austernpilze in 2 EL Gemüsebrühe in einer beschichteten Pfanne anbraten und beiseite stellen.
- Die Chilischoten putzen, entkernen, waschen und in Ringe schneiden. Mit Handschuhen arbeiten, sonst sofort danach die Hände waschen. Das Weiße des Zitronengrases in sehr feine Ringe schneiden. Die Knoblauchzehen und den Ingwer schälen und fein hacken.
- Das Öl in einem beschichteten Wok oder einer Pfanne erhitzen und darin Chili, Zitronengras, Knoblauch und Ingwer anbraten. Zucker, Currypaste und Kurkuma hinzufügen und mit Sojasauce ablöschen. Die Kokosmilch und die restliche Gemüsebrühe dazugeben und zum Kochen bringen.
- Kartoffeln und Mangold in die Sauce geben und etwa 15 Minuten kochen, bei Bedarf mit der Stärke andicken. Kurz vor Ende der Garzeit die Pilze dazugeben und erwärmen.

Nährwerte pro Portion:
277 kcal/ 13,4 g E/ 43,2 g KH/ 4,3 g F/ 14 % Fettkalorien

›› Kartoffeln mit Frankfurter Grüner Soße

Ein traditionelles Gericht, das mit neuen Kartoffeln
am besten schmeckt.

▶ **Für 10 Portionen**

preisgünstig ⊙ **45 Min.**

2,5 kg neue, mittelgroße Kartoffeln · 6 Eier · ¾ l saure Sahne,
10 % F · 500 g Joghurt, 1,5 % F · 2 Zitronen, den Saft · 500 g
Magerquark, 0,1 % Fett · Salz · Pfeffer aus der Mühle · Zucker
600 g frische Kräuter (z. B. Schnittlauch, Petersilie, Kerbel,
Sauerampfer, Kresse, Borretsch, Pimpernelle, Dill und Estragon) · 6 Schalotten

- Kartoffeln waschen, gut abbürsten und mit der Schale
  etwa 25 Minuten gar kochen.
- Eier hart kochen.
- Saure Sahne, Joghurt, Zitronensaft und Magerquark miteinander verrühren. Mit Salz, Pfeffer und etwas Zucker
  abschmecken.
- Kräuter waschen, trocken schleudern, klein hacken, einige
  Kräuter zum Garnieren beiseite legen. Schalotten fein
  würfeln und zusammen mit den Kräutern unter die Sauce
  rühren.
- Eier in kleine Würfel schneiden und unter die Sauce
  heben. Abschmecken, evtl. nachwürzen und mit den
  Kartoffeln anrichten.

Nährwerte pro Portion:
436 kcal/ 20 g E/ 57 g KH/ 13,2 g F/ 27,3 % Fettkalorien

›› Kartoffelpuffer mit Apfelkompott

Der Trick ist das Waffeleisen! Man braucht kaum Öl und
die Puffer werden garantiert herrlich knusprig!

▶ **Für 4 Personen**

preisgünstig ⊙ **45 Min.**

750 g Äpfel · ⅛ l Weißwein oder Apfelsaft · 50 g Zucker
1 unbehandelte Zitrone, die Schale · 1 Zimtstange · 800 g
Kartoffeln · 1 große Zwiebel · Salz · 2 EL Mehl · 1 TL Rapsöl
evtl. etwas Zucker zum Bestreuen

- Für das Apfelkompott die Äpfel waschen, schälen, vierteln
  und das Kerngehäuse entfernen. Die Apfelstücke noch
  kleiner schneiden und mit dem Weißwein oder Apfelsaft,
  Zucker, Zitronenschale und Zimtstange in einen Topf ge-
  ben. Aufkochen und so lange zugedeckt köcheln, bis das
  Kompott gar, aber noch stückig ist. Zitronenschale und
  Zimtstange entfernen.
- Die Kartoffeln waschen, schälen und fein reiben. Die
  Zwiebel abziehen und zu den Kartoffeln reiben. Salz und
  Mehl zufügen und gut vermengen.
- Ein heißes, beschichtetes Waffeleisen mit wenig Öl ein-
  pinseln, 3 bis 4 EL Kartoffelmasse einfüllen und knusprig
  ausbacken. Mit dem restlichen Teig ebenso verfahren, das
  Eisen jetzt nicht mehr einfetten.
- Die heißen Kartoffelpuffer nach Belieben noch mit etwas
  Zucker bestreuen und mit dem Apfelkompott servieren.

Nährwerte pro Portion:
360 kcal/ 5,7 g E/ 69,6 g KH/ 3,1 g F/ 7,8 % Fettkalorien

≫ Bunte Nudeln mit Kräuterpesto

Bunt und gesund! So kann man Nudeln ohne Reue genießen.

▶ **Für 4 Personen**
gelingt leicht ⊘ **20 Min.**
1 Bund Petersilie · ½ Bund Estragon
1 Bund Basilikum · 1 große Knoblauchzehe · 1 EL Olivenöl · 4 EL Hühnerbrühe · 2 EL trockener Weißwein
Salz und Pfeffer · 400 g bunte Pasta

- Die Kräuter waschen, trocken
  schleudern, die Blättchen von den
  dicken Stängeln zupfen und hacken.
- Den Knoblauch schälen und durch
  eine Presse drücken.
- Olivenöl, Knoblauch, Hühnerbrühe,
  Weißwein, etwas Salz und Pfeffer
  miteinander vermischen und die
  Kräuter zugeben.
- Die Nudeln in reichlich Salzwasser
  nach Packungsanleitung al dente
  kochen, zum Pesto geben und alle
  Zutaten gut miteinander vermengen.

Nährwerte pro Person:
406 kcal/ 14,5 g E/ 72,3 g KH
6 g F/ 13,3 % kcal aus Fett

≫ Spaghetti mit Basilikumpesto

Ganz ohne Öl – und dennoch
sehr lecker.

▶ **Für 4 Personen**
geht schnell ⊘ **10 Min.**
1 Bund Basilikum · etwas Petersilie
1 EL Pinienkerne · 1 EL geriebener
Parmesan · 3 dicke Knoblauchzehen
Gemüsebrühe · Salz · Pfeffer · 500 g
Spaghetti

- Basilikum waschen, trocken tupfen
  und die Blättchen von den dicken
  Stielen zupfen.
- Knoblauchzehen schälen und alle
  Zutaten, bis auf die Brühe, im Mixer
  zu einer dicken grünen Paste pürieren.
- So viel Brühe zufügen, bis das Pesto
  die gewünschte Konsistenz hat. Mit
  Salz und Pfeffer abschmecken.
- Die Spaghetti nach Packungsanleitung in reichlich Salzwasser kochen,
  abgießen und unter das Pesto mischen.

Nährwerte pro Portion:
510 kcal/ 19,5 g E/ 87 g KH/ 8,7 g F
15,4 % Fettkalorien

≫ Spaghetti Bolognese

Der Klassiker, den auch Kinder
gern essen.

▶ **Braucht etwas mehr Zeit**
Für 4 Personen ⊘ **ca. 45 Min.**
1 Zwiebel · 1 Knoblauchzehe
1 Möhre · 500 g Rinderhack · Salz
Pfeffer · 200 ml Gemüsebrühe (Instant) · 1 kleine Dose Tomatenmark
1 TL getr. Oregano · 1 Packung ge-
stückelte Tomaten mit Kräutern · 2 EL
Tomatenketchup · 500 g Spaghetti

- Die Zwiebel, den Knoblauch und die
  Möhre schälen und in feine Würfel
  schneiden.
- Das Hackfleisch in die Pfanne geben, langsam erhitzen und im eige-
  nen Fett unter Rühren anbraten.
  Salzen und pfeffern.
- Zwiebeln, Knoblauch und Möhren
  dazugeben und kurz mitbraten.
- Mit der Brühe ablöschen, das Tomatenmark, Oregano, die gestü-
  ckelten Tomaten und das Tomatenketchup unterrühren. Etwa 40 Minuten einkochen lassen.
- Die Spaghetti in Salzwasser bissfest
  kochen, abgießen, abschrecken und
  zusammen mit der Sauce servieren.

Tipp
Die Sauce Bolognese schmeckt
auch lecker zu Reis.

Nährwerte pro Person:
640 kcal/ 20,1 g F/ 75,1 g KH
28,3 % Fettkalorien

Burritos mit Hüftsteaks

Mmmh – das saftige Rindfleisch umhüllt von raffiniertem Salat und knuspriger Tortilla ist einfach ein Gedicht.

- Kreuzkümmel und Koriander in einer Pfanne ohne Fett unter Rühren rösten, bis sie duften. Die Gewürze im Mörser fein zerkleinern und mit dem Oregano mischen.
- Den Agavendicksaft, 3 EL Limettensaft und je eine kräftige Prise Salz und Pfeffer verrühren, bis sich das Salz aufgelöst hat. Das Öl und die Rindfleischbrühe unterschlagen, die Gewürzmischung zugeben. Den Knoblauch schälen und dazupressen.
- Die Chilischote waschen, halbieren und entkernen. Die Hälften quer in dünne Scheiben schneiden und würfeln. Mit Handschuhen arbeiten, sonst sofort danach die Hände waschen.
- Das Koriandergrün waschen, trocken schütteln und mit den zarten Stielen hacken. Chili und die Hälfte Koriandergrün zur Marinade geben, restliches Koriandergrün für den Salat beiseite stellen. Die Steaks beidseitig mit der Marinade bestreichen und abgedeckt bei Zimmertemperatur etwa 1 Stunde marinieren lassen.
- Inzwischen den Kohl putzen, waschen und ohne den Stielansatz quer in dünne Streifen schneiden oder hobeln. In eine Schüssel geben, salzen und kräftig durchkneten.
- Die Zwiebeln schälen, würfeln und zum Kohl geben.
- Die Gurke schälen und längs halbieren. Die Kerne mit einem Löffel herauskratzen. Die Hälften längs halbieren und quer in ½ cm große Stücke schneiden.
- Die Möhren waschen, schälen und grob reiben. Möhren, Gurken und restliches Koriandergrün zum Kohl geben.
- Joghurt mit 2 EL Limettensaft verrühren, mit Salz und Pfeffer abschmecken und mit dem Salat mischen.
- Den Backofen auf 225 °C (Umluft nicht geeignet) vorheizen. Die Fettpfanne des Backofens mit Backpapier auslegen und 5 Minuten im heißen Backofen erhitzen. Die Steaks aus der Marinade nehmen und die Marinade großzügig abstreifen. Die Steaks auf das Backpapier in die Fettpfanne legen und auf der mittleren Schiene im Ofen 6 Minuten braten, dabei einmal wenden. Herausnehmen, die Steaks auf beiden Seiten salzen und pfeffern und fest in Aluminiumfolie wickeln.
- Die Tortillas im Backofen erwärmen. Inzwischen die Steaks in 1 cm dicke Streifen schneiden. Den Kohlsalat auf die Tortillas verteilen. Das Fleisch darübergeben und die Tortillas zusammenrollen. Sofort servieren.

Nährwerte pro Portion:
574 kcal/ 46 E/ 51 g KH/ 19 g F/ 29,8 % Fettkalorien

▶ **Für 4 Personen**
schön für Gäste ⊙ **1 Std.,**
Marinierzeit: 1 Std.

1 TL Kreuzkümmel
1 TL Korianderkörner
1 TL getrockneter Oregano
1 TL Agavendicksaft
5 EL Limettensaft
Salz
Pfeffer aus der Mühle
2 EL Olivenöl
2 EL Rindfleischbrühe (Instant)
3 Knoblauchzehen
1 rote Chilischote
2 Bund Koriandergrün
4 Rinder-Hüftsteaks à ca. 150 g
500 g Spitz- oder Weißkohl
2 rote Zwiebeln
250 g Salatgurke
200 g Möhren
150 g Joghurt, 1,5 % Fett
8 Weizenmehl-Tortillas

HAUPTGERICHTE

Kartoffel-Leber-Spießchen

Genießen Sie Leber nur selten und in Bioqualität.

▶ **Für 4 Personen**

schön für Gäste ⏱ **60 Min.**

2 säuerliche Boskop-Äpfel · 1 EL Zitronensaft · 2 Schalotten
5 EL Zucker · 6 EL Weinessig · 1 Msp. Senfpulver · 12 kleine,
festkochende Kartoffeln · 300 g Putenleber · 1 gelbe Paprikaschote · 1 EL gehackte Thymianblättchen · Salz · Pfeffer
aus der Mühle · 2 EL Rapsöl

- Für das Chutney die Äpfel schälen, vierteln und das Kerngehäuse entfernen. Die Apfelviertel klein würfeln und mit
dem Zitronensaft beträufeln. Die Schalotten schälen, fein
würfeln und in einer beschichteten Pfanne in wenig Wasser andünsten. Die Apfelwürfel, den Zucker und den Essig
zugeben und bei milder Hitze zugedeckt etwa 15 Minuten
köcheln lassen. Das Senfpulver unterrühren und alles
nochmals 5 Minuten köcheln lassen.
- Die Kartoffeln waschen und mit der Schale in wenig Wasser zugedeckt 15–20 Minuten garen. Das Wasser abgießen, die Kartoffeln unter kaltem Wasser abschrecken und
abkühlen.
- Inzwischen die Leber kalt abwaschen, trocken tupfen und
in 1½ cm große Würfel schneiden. Die Paprikaschote halbieren, Fruchtansatz, Kerne sowie weiße Häutchen entfernen, waschen und das Fruchtfleisch ebenfalls in 1½ cm
große Würfel schneiden. Die Kartoffeln pellen und halbieren.
- Auf 8 Schaschlikspieße abwechselnd die Kartoffelhälften
und die Paprika- und Leberstücke schieben. Mit Thymian,
Salz und Pfeffer würzen. Die Spieße im heißen Öl in einer
beschichteten Pfanne rundum etwa 8 Minuten braten.
Mit dem Apfelchutney servieren.

Nährwerte pro Portion:
361 kcal/ 17,5 g E/ 48 g KH/ 9,7 g F/ 24,2 % Fettkalorien

Rehnüsschen mit Holundernudeln

Erlesenes Wildgericht mit dem unverwechselbaren
Holundergeschmack.

▶ **Für 4 Personen**

schön für Gäste ⏱ **50 Min.**

250 g Mehl · 50 g Grieß · 3 frische Eier · 150 ml ungezucker-
ter Holundersaft (Reformhaus) · Salz · Muskat · 8 Rehnüsschen (à etwa 60 g) · Pfeffer aus der Mühle · 1 EL Rapsöl
150 ml Wildfond (Fertigprodukt) · 50 g Crème fraîche · 2 EL
Preiselbeeren (aus dem Glas) · 1 EL Butter · 1 EL Gemüsebrühe (Instant)

- Aus Mehl, Grieß, Eiern, 120 ml Holundersaft und 50 ml
Wasser mit den Knethaken des Handrührgerätes oder in
der Küchenmaschine einen glatten Teig herstellen. Mit
Salz und Muskatnuss würzen.
- Den Teig portionsweise durch eine Nudelmaschine in kochendes Salzwasser drücken. Die Nudeln mehrmals aufkochen lassen und mit einem Schaumlöffel herausnehmen
und in kaltes Wasser geben. In einem Sieb abtropfen lassen.
- Die Rehnüsschen salzen und pfeffern. Das Öl in einer beschichteten Pfanne erhitzen und darin die Fleischstücke
auf jeder Seite 2 Minuten braten. Herausnehmen und
warm stellen.
- Die Wildsauce in den Bratensatz gießen und aufkochen.
Mit Crème fraîche und Preiselbeeren verfeinern. Die Sauce
bei kleinster Hitze warm halten.
- In einer großen beschichteten Pfanne die Butter mit der
Gemüsebrühe erhitzen und die Nudeln darin schwenken.
Mit dem restlichen Holundersaft beträufeln und mit Salz
und Pfeffer würzen.
- Die Nudeln auf 4 Teller verteilen. Die Rehnüsschen dazu-
geben und mit der Sauce überziehen.
- Dazu passt gut ein Blattsalat.

Nährwerte pro Portion:
590 kcal/ 43,5 g E/ 59 g KH/ 19,6 g F/ 29,9 % Fettkalorien

Zimtfleisch mit Pfeffer

Das ist ein scharfes, wärmendes Gericht – ideal für kalte Wintertage.

- Das Rindfleisch in schmale Streifen schneiden, evt. vorhandenes Fett dabei entfernen.
- Die Knoblauchzehen schälen und fein hacken. Die Chilischote waschen, entkernen und fein würfeln. Möglichst mit Haushaltshandschuhen arbeiten, sonst sofort danach die Hände waschen.
- Die Kapern mit den Gewürznelken sowie 1 TL Zimt im Mörser zerstoßen und mit Knoblauch, Chili, Lorbeerblättern und dem Erdnussöl verrühren. Alles mit den Fleischstreifen vermengen, mit Folie bedecken und mindestens 2 Stunden, besser aber einen ganzen Tag, in den Kühlschrank stellen.
- Den Reis nach Packungsanweisung garen. Die Möhre schälen und würfeln. Die Pfefferschote in kleine Würfel schneiden. Die Paprikaschoten waschen, entkernen und würfeln.
- Die Fleischtomaten über Kreuz einritzen, kurz überbrühen, abschrecken und enthäuten. Die Tomaten vierteln, die Stielansätze herausschneiden und entkernen. Das Fruchtfleisch klein würfeln.
- Den Wok heiß werden lassen, das Fleischgemisch darin unter ständigem Rühren braten, herausnehmen, auf einen Teller legen und salzen. Die Möhren-, Pfefferschoten- und Paprikawürfel in den heißen Wok geben und unter Rühren etwa 5 Minuten braten. Bei Bedarf nach und nach etwas Fleischbrühe zugeben. Mit Salz, Pfeffer und Tabasco würzen und mit der restlichen Brühe aufgießen. Das Gemüse noch etwa 5 Minuten schmoren und dann die Tomatenwürfel unterrühren.
- Die Fleischstreifen unterheben und nicht mehr kochen lassen. Die Lorbeerblätter entfernen, das Gericht abschmecken, mit etwas Zimt bestäuben und sofort mit dem Reis servieren.

Nährwerte pro Portion:
393 kcal/ 27 g E/ 45 g KH/ 11,5 g F/ 26,4 % Fettkalorien

▶ **Für 4 Personen**
schön für Gäste ⏲ **40 Min.,**
Marinierzeit: mindestens 2 Std.

400 g	Rinderlende oder Rinderfilet
2	Knoblauchzehen
1	frische Chilischote
1 TL	eingelegte Kapern
4	Gewürznelken
	gemahlener Zimt
2	Lorbeerblätter
2 EL	Erdnussöl
200 g	Basmatireis
1	Möhre
1	eingelegte Pfefferschote (Glas)
2	grüne Paprikaschoten
2	Fleischtomaten
	Salz
	Pfeffer aus der Mühle
	Tabasco nach Belieben
150 ml	Fleischbrühe

HAUPTGERICHTE

81

HAUPTGERICHTE

⟩⟩ Hähnchenkeulen auf Orangenreisnudeln

Salbeiduft, krosse Hähnchenkeulen und die typischen Kritharaki.
Damit zaubern Sie sich und Ihre Gäste nach Griechenland.

▶ **Für 4 Personen**
schön für Gäste ⊙ **30 Min.,**
Backzeit: 55 Min.

1 Bund Salbei
4 Hähnchenkeulen
  Salz
  schwarzer Pfeffer aus der Mühle
2 unbehandelte Orangen
1 unbehandelte Zitrone
400 g Kritharaki
  (griechische Reisnudeln)
1 rote Paprikaschote
1 Frühlingszwiebel
1 EL Honig

- Den Backofen auf 180 °C vorheizen.
- Den Salbei waschen, trocken schütteln und die Blättchen abzupfen.
- Die Hähnchenkeulen im Gelenk trennen, überflüssige Haut und sichtbares Fett entfernen, waschen und trocken tupfen.
- Die Haut von den Keulen lösen und einen Teil der Salbeiblätter unter die Haut schieben. Die Haut eventuell mit Hölzchen feststecken. Die Keulen salzen und pfeffern.
- Die Fettpfanne mit Backpapier auslegen. Die Orangen und die Zitrone heiß waschen. Die Früchte längs halbieren und in Scheiben schneiden. Die Fruchtscheiben in der Fettpfanne verteilen, die restlichen Salbeiblätter daraufgeben. Die Hähnchenkeulen daraufsetzen und im Ofen ca. 35 Minuten backen.
- Inzwischen die Nudeln in reichlich kochendem Salzwasser bissfest garen, in ein Sieb schütten und gut abtropfen lassen, eventuell kurz warm stellen.
- Die Paprikaschote und die Frühlingszwiebel waschen und putzen. Die Paprika würfeln, die Frühlingszwiebel in feine Ringe schneiden. Beides unter die Nudeln mischen.
- Die Keulen aus der Fettpfanne nehmen und die Fruchtscheiben und die Salbeiblätter unter die Reisnudeln mischen. Die Nudeln in die Fettpfanne geben und die Keulen darauflegen. Den Honig mit 2 EL heißem Wasser verrühren und kräftig salzen. Die Keulen damit bestreichen und alles weitere 20 Minuten backen.

Nährwerte pro Portion:
686 kcal/ 41 g E/ 82,3 g KH/ 20 g F/ 26,2 % Fettkalorien

HAUPTGERICHTE

≫≫ Gefüllte Conchiglie (Muschelnudeln)

Haben Sie schon einmal Muschelnudeln zubereitet?
Es ist ganz einfach – genau wie bei gewöhnlichen Nudeln.

▶ **Für 4 Personen**
schön für Gäste ⊙ **45 Min.,**
Backzeit: 10 Min.

400 g	Putenschnitzel
1	kleine, rote Paprikaschote
1	kleine, gelbe Paprikaschote
2	Frühlingszwiebeln
1	Bund glattblättrige Petersilie
	einige Stängel Thymian
1 TL	Olivenöl
	Salz
	schwarzer Pfeffer aus der Mühle
250 g	große bunte Conchiglie
125 g	Mozzarella
125 ml	Hühnerbrühe
2 TL	Mehl
100 ml	Kaffeesahne, 4 % Fett
	Zitronenpfeffer
	Backspray für die Form

- Das Putenfleisch waschen, trocken tupfen und klein würfeln.
- Die Paprikaschoten längs halbieren und Stiele, Kerne sowie weiße Rippen entfernen. Das Fruchtfleisch waschen und in kleine Würfel schneiden. Die Frühlingszwiebeln putzen, waschen und in feine Ringe schneiden. Die Petersilie und den Thymian waschen, trocken tupfen und die Blättchen abzupfen.
- Das Öl in einer beschichteten Pfanne erhitzen und das Fleisch etwa 1 Minute kräftig von allen Seiten anbraten. Herausnehmen, salzen, pfeffern und abgedeckt warm stellen.
- Die Nudeln in reichlich kochendem Salzwasser bissfest garen, in ein Sieb schütten und gut abtropfen lassen.
- Den Backofen auf 200 °C vorheizen.
- Inzwischen die Paprikawürfel und die Zwiebelringe in derselben Pfanne etwa 2 Minuten sanft andünsten, bei Bedarf ein wenig Wasser zufügen. Das Fleisch mit dem Gemüse und den Kräutern mischen und mit Salz und Pfeffer abschmecken. Den Mozzarella abtropfen lassen, in kleine Würfel schneiden und unter die Füllung mischen.
- Für die Sauce die Brühe in einem Topf erhitzen. Das Mehl mit der Kaffeesahne glatt rühren und unter Rühren in die Brühe gießen. Aufkochen und etwa 3 Minuten leicht köcheln lassen. Mit Salz und Zitronenpfeffer abschmecken.
- Eine Auflaufform mit Backspray einfetten. Die Füllung in die Nudeln geben, diese nebeneinander mit der Öffnung nach oben in die Form setzen und die Sauce darübergeben. Die gefüllten Conchiglie auf der mittleren Schiene im Ofen etwa 10 – 15 Minuten überbacken.

Nährwerte pro Portion:
497 kcal / 41 g E / 54 g KH / 12,4 g F / 22,5 % Fettkalorien

Hähnchenwok mit Spinat

Mögen Sie gern frischen Spinat? Dann probieren Sie doch mal dieses Rezept aus.

- Das Hähnchenfilet in schmale Streifen schneiden. Die Chilischote zerbröseln und mit 1 EL Öl verrühren. Mit den Fleischstreifen vermengen und abgedeckt 2 Stunden in den Kühlschrank stellen.
- Die Frühlingszwiebeln putzen, waschen und fein würfeln. Die Knoblauchzehen abziehen und ebenfalls fein würfeln. Den Spinat putzen, waschen und in kochendem Salzwasser blanchieren. Mit eiskaltem Wasser abschrecken und in einem Sieb abtropfen lassen.
- Die Hähnchenfiletstreifen mit Salz und Pfeffer würzen. Den Wok heiß werden lassen und die Mandelblättchen darin rösten, bis sie duften. Herausnehmen und auf einem Teller beiseite stellen. Die Fleischstreifen in den gemahlenen Mandeln wenden. Im Wok das restliche Öl erhitzen, die Fleischstreifen darin von allen Seiten braten, herausnehmen, auf einen Teller geben und mit Alufolie abdecken.
- 3 EL Hühnerbrühe in den heißen Wok geben, die Frühlingszwiebeln und den Knoblauch zufügen und unter Rühren andünsten. Die restliche Brühe angießen, kurz aufkochen lassen und den Spinat dazugeben. Mit Salz, Pfeffer und den Pfefferkörnern würzen. Die Fleischstreifen mit dem entstandenen Fleischsaft unterziehen und nicht mehr kochen lassen.
- Erneut abschmecken und auf 4 Teller verteilen. Mit den gerösteten Mandelblättchen garnieren und das Baguette dazu servieren.

Nährwerte pro Portion:
429 kcal / 33,1 g E / 41,8 g KH / 14 g F / 29,4 % Fettkalorien

▶ **Für 4 Personen**
gelingt leicht ⏱ **40 Min.,**
Marinierzeit: 2 Std.

500 g	Hähnchenfilet
2	getr. Chilischoten
2 EL	Rapsöl
4	Frühlingszwiebeln
2	Knoblauchzehen
200 g	frische Spinatblätter
	Salz
	Pfeffer aus der Mühle
2 EL	Mandelblättchen
2 EL	gemahlene Mandeln
150 ml	Hühnerbrühe
1 TL	rosa Pfefferkörner
300 g	Baguette

FETTSPAR-TIPPS

Haut weglassen

Wenn Sie die Haut nicht mitessen, sind fast alle Geflügelsorten bestens für LowFett 30 geeignet, das gilt auch für Gans und Ente. Allerdings schmecken die beiden mit Haut doch um einiges besser. Falls Sie davon nicht die Finger lassen können, eine kleine Portion Fleisch nehmen und eine große Portion Knödel und (fettfreien!) Rotkohl. Dann passt es auch wieder.

HAUPTGERICHTE

>> Puten-Ananas-Spieße mit Bananendip

Ein Rezept für unbeschwertes Grillvergnügen. Und vielleicht erstaunt es Sie, dass Ananas und Zwiebeln tatsächlich miteinander harmonieren.

▶ **Für 4 Personen**
braucht etwas mehr Zeit
⊙ **40 Min., Marinierzeit: 60 Min.**

600 g Putenbrustfilet
1 TL Curry
2 EL Rapsöl
schwarzer Pfeffer aus der Mühle
3 EL Sojasauce
2 Msp. Sambal Oelek
½ frische Ananas
4 rote Zwiebeln
2 Bananen
1 Orange, den Saft
100 g Crème légère
2 TL Curry
½ TL Salz
1 Prise Zucker

- Das Putenfleisch kalt abspülen, trocken tupfen und in etwa 4 cm große Würfel schneiden.
- Aus Curry, Öl, Pfeffer, Sojasauce sowie Sambal Oelek eine Marinade bereiten und das Fleisch damit bestreichen. Die Würfel in eine verschließbare Dose geben und im Kühlschrank etwa 1 Stunde marinieren.
- Inzwischen die Ananas vom Strunk befreien, die Schale entfernen und die Frucht in mundgerechte Stücke schneiden. Die Zwiebeln schälen und in Achtel schneiden.
- Die Putenbruststücke abwechselnd mit den Ananasstücken und den Zwiebeln auf lange Spieße stecken. Die Spieße auf den Rost des Tisch- oder Gartengrills legen und von allen Seiten etwa 5 Minuten grillen.
- Für den Dip die Bananen schälen, in Stücke schneiden und in ein hohes Gefäß geben. Orangensaft, Crème légère, Gewürze und Zucker hinzufügen und mit dem Mixstab zu einer glatten Creme pürieren. Den Dip in ein Schälchen füllen und zu den Spießen reichen.
- Dazu passt Reis.

Nährwerte pro Portion:
373 kcal / 39 g E / 25 g KH / 12 g F / 28,9 % Fettkalorien

FETTSPAR-TIPPS

Fettarm bedeutet nicht weniger Geschmack

Wenn Sie Hähnchen ohne Fett in der Pfanne zubereiten, können Sie ihm durch einen kräftigen Schuss Sojasauce (ohne Fett) Farbe und eine gute Würze geben. Auch milder Paprika oder fertige Thai-Chilisauce gehen eine elegante Partnerschaft mit Hähnchen ein. Hühnchenfleisch schmeckt darüber hinaus als Ragout, gegrillt, gebraten und macht zudem im Wok was her. Was Sie unbedingt probieren sollten, sind feine Röllchen aus Hähnchenbrustscheiben (zum Beispiel mit Spinat gefüllt) und Putenbrust-Rouladen. Pute ist nicht ganz so zart wie Hähnchenbrust, dafür aber preiswerter und ein bisschen kräftiger im Geschmack. Und auch sie ist immer LowFett 30, wenn die Haut nicht mitgegessen wird.

Conchiglie mit Garnelen

Natürlich können Sie das Rezept auch mit jeder anderen Nudelsorte zubereiten.

▶ **Für 4 Personen**

schön für Gäste ⊙ **35 Min.**

20 rohe Garnelen ohne Kopf (ca. 300 g) · 150 g Zuckererbsenschoten · 1 Schalotte · 1 Knoblauchzehe · 1 kleine, rote Chilischote · 400 g kleine Conchiglie (Muschelnudeln) · Salz 1 EL Rapsöl · 2 – 3 EL Anisschnaps (z. B. Pernod) · 100 ml Gemüsebrühe · schwarzer Pfeffer aus der Mühle

- Die Garnelen vorsichtig aus den Schalen lösen, dabei das Schwanzstück nicht abtrennen. Den Rücken jeweils mit einem spitzen Messer längs einschneiden und den Darmfaden entfernen. Die Garnelen waschen und trocken tupfen.
- Die Zuckerschoten putzen, waschen, abtropfen lassen und evtl. entfädeln.
- Die Schalotte und den Knoblauch schälen und beides in hauchdünne Scheiben schneiden. Die Chilischote längs aufschlitzen, die Kerne und den Stiel entfernen, waschen und in feine Streifen schneiden. Mit Küchenhandschuhen arbeiten, sonst sofort danach die Hände waschen.
- Die Nudeln in reichlich Salzwasser bissfest garen, in ein Sieb schütten und gut abtropfen lassen.
- Inzwischen das Öl in einer großen, beschichteten Pfanne erhitzen und die Zuckerschoten und die Garnelen darin etwa 3 Minuten unter gelegentlichem Rühren braten. Die Schalotte, den Knoblauch und die Chilischote zufügen und noch 1 Minute mitbraten.
- Den Anisschnaps und die Gemüsebrühe in die Pfanne gießen und alles erneut kräftig aufkochen. Mit Salz und Pfeffer abschmecken und mit den Nudeln vermengt servieren.

Nährwerte pro Portion:
487 kcal/ 28 g E/ 73,2 g KH/ 7 g F/ 12,9% Fettkalorien

FETTSPAR-TIPPS

Fisch und Meeresfrüchte

Auch wenn Fische wie die Makrele, der Hering oder der Lachs etwas fetter sind, sind die essenziellen Omega-3- und Omega-6-Fettsäuren so wichtig für uns, dass wir Fisch dennoch so oft wie möglich in unseren Speiseplan einbauen sollten. Man muss ja nicht gleich Riesenportionen verdrücken – außerdem gibt es dazu Nudeln, Reis oder Kartoffeln, die das Verhältnis von Fettkalorien an den Gesamtkalorien in einen gesünderen Bereich verschieben.

Schalentiere, Krebse und Muscheln können Sie »bis zum Abwinken« genießen – außer Ihr Arzt hat bei Ihnen einen zu hohen Cholesterinspiegel diagnostiziert: Diese Meeresbewohner enthalten viel Cholesterin. Fisch hat viel hochwertiges Eiweiß, das gut sättigt und auch lange satt hält. Ungesund fett wird Fisch in der Regel erst durch Panaden, beim Frittieren oder durch die Zugabe von Remouladensauce. Auch Fischpasten und -konserven werden mit reichlich Pflanzenöl zubereitet: Damit bleibt der gesundheitliche Effekt leider auf der Strecke.

Gerade bei der Zubereitung von Fisch hat sich die LowFett 30-Bratfolie bestens bewährt. Sie erhalten Sie in gut sortierten Supermärkten oder können sie unter www.lowfett.de im Internet bestellen. Auf ihr können Sie in einer normalen Pfanne bei mittlerer Hitze Fisch knusprig braun braten, ohne dass er sich festsetzt oder auseinanderfällt.

Noch ein Tipp für den Einkauf: Kaufen Sie Fisch aus Bio-Aquafarmen … dann bekommen die Tiere gesundes Futter und Sie tragen aktiv dazu bei, dass die Meere nicht weiter überfischt werden.

HAUPTGERICHTE

Forellen in Weißwein

Forelle ist eine fettarme, heimische Fischart, die man oft noch garantiert frisch kaufen kann.

▶ **Für 4 Personen**

gut vorzubereiten ⏱ **45 Min., Marinierzeit: 2 Std.**

4 küchenfertige Forellen à ca. 200 g · 2 Zwiebeln · 2 Knoblauchzehen · 3 Möhren · 1 Stange Lauch · 2 Stück Staudensellerie · 3 Lorbeerblätter · 1 TL schwarze Pfefferkörner · 1 TL Wacholderbeeren · ½ l trockener Weißwein · 1 Zitrone, den Saft · Salz · ¼ l Weißweinessig

- Die Forellen waschen, trocken tupfen und beiseite stellen. Die Zwiebeln und den Knoblauch schälen und fein würfeln. Möhren, Lauch und Staudensellerie waschen, putzen und ebenfalls in feine Würfel schneiden.
- Die Lorbeerblätter, die Pfefferkörner und die Wacholderbeeren in ein Gewürzsieb geben oder in ein sauberes Tuch binden. Den Weißwein mit ½ l Wasser, dem Zitronensaft, etwas Salz und den Gewürzen in einem breiten Topf zum Kochen bringen. Das Gemüse und den Essig zufügen und alles 10 Minuten leicht köcheln lassen.
- Die Forellen in den Sud geben und bei geringer Hitze 10 Minuten ziehen lassen. Den Topf vom Herd nehmen und die Forellen im Sud erkalten lassen.
- Die Forellen herausnehmen, enthäuten, die Filets von den Gräten lösen und auf einer Platte anrichten. Das Gemüse mit einem Schaumlöffel aus dem Sud nehmen und über den Forellen verteilen.

Tipp

Dazu passen Petersilienkartoffeln und Zitronensauce siehe S. 103.

Nährwerte pro Portion:
391 kcal / 44 g E / 11 g KH / 7,3 g F / 16,8 % Fettkalorien

Garnelenreis mit Johannisbeeren

Die roten Johannisbeeren bilden Farb- und säuerliche Geschmackstupfen im leckeren Garnelenreis.

▶ **Für 4 Personen**

schön für Gäste ⏱ **30 Min.**

200 g Thaireis · Salz · 250 g weiße und rote Johannisbeeren 1 TL brauner Zucker · Saft von ½ Limette · 1 Zwiebel 2 Stängel Koriander · 1 TL Erdnussöl · 100 ml Kokosmilch 2 EL ungesüßte Kokosraspeln · 200 g geschälte Garnelen schwarzer Pfeffer aus der Mühle

- Den Thaireis in reichlich kochendem Salzwasser nach Packungsangabe garen. Die Johannisbeeren waschen, von den Rispen zupfen und mit Küchenkrepp trocken tupfen.
- Die Johannisbeeren mit dem Zucker bestreuen und mit dem Limettensaft beträufeln. Den Reis in ein Sieb gießen, mit kaltem Wasser abspülen und gründlich abtropfen lassen.
- Die Zwiebel schälen und fein würfeln. Das Koriandergrün waschen, trocken schütteln, von den Stängeln zupfen und fein hacken.
- In einer großen, beschichteten Pfanne das Erdnussöl erhitzen und die Zwiebelwürfel glasig andünsten. Den Reis hinzufügen und unter Rühren erwärmen. Die Kokosmilch angießen und einige Minuten aufpuffen lassen. Die Garnelen, die Kokosraspeln, die Johannisbeeren und das Koriandergrün unterheben. Mit Salz und Pfeffer abschmecken und sofort servieren.

Nährwerte pro Portion:
334 kcal / 14 g E / 49 g KH / 8,1 g F / 21,8 % Fettkalorien

▶ Garnelenreis mit Johannisbeeren.

HAUPTGERICHTE

Klassische Sushis mit Fisch

Um Fisch mit Genuss roh verzehren zu können, muss er natürlich garantiert frisch sein, also durchgehend gekühlt worden sein.

▶ **Für 4 Personen**
schön für Gäste ⊙ **1 Std.,**
Quellzeit: 1½ Std.

300 g japanischer Reis oder
    italienischer Mittelkornreis
5 EL Reis- oder Weinessig
1 EL Zucker
4 TL Salz
100 g frischer Thunfisch vom
    rötlichen Teil
100 g Seebarsch
100 g Matjesfilet
100 g Räucherlachs
    etwas frischer Ingwer
2 Frühlingszwiebeln
    etwas Lauch
    Radieschen oder Gurke
    nach Belieben
    Schnittlauch nach Belieben
    etwas Wasabipaste oder
    geriebener Meerrettich
    etwas japanische Sojasauce

- Den Reis in einem Sieb unter fließendem Wasser waschen, bis das Wasser klar bleibt, und im Sieb 1 Stunde ruhen lassen. Den Reis in einen Topf geben, 650 ml Wasser dazugießen, aufkochen und 2 Minuten offen sprudelnd kochen lassen. Die Hitze auf die kleinste Stufe reduzieren und den Deckel erst auflegen, wenn das Wasser nur noch sanft köchelt. Den Reis 15 Minuten quellen lassen. Den Topf vom Herd nehmen und den Reis weitere 15 Minuten ziehen lassen.
- Inzwischen Essig, Zucker und Salz unter Rühren erwärmen, bis die Flüssigkeit klar ist (nicht kochen!). Auf Handwärme abkühlen lassen. Den gegarten Reis in eine Schüssel geben und die Flüssigkeit mit einem Holzspatel nach und nach unterrühren. Die Reiskörner sollen nur benetzt, aber nicht durchtränkt sein.
- Thunfisch und Seebarsch kalt abspülen, trocken tupfen und mit dem Matjesfilet in etwa ½ cm dicke Scheiben, dann in etwa 3 cm breite und 5 cm lange Streifen schneiden. Die Räucherlachsscheiben in 4 cm große Quadrate schneiden.
- Den Ingwer schälen, das Gemüse waschen und putzen, den Schnittlauch waschen und trocken tupfen und alles in feine Streifen schneiden.
- Aus jeweils 2 EL Essigreis tischtennisballgroße Kugeln formen. Ein Stück Fisch (Thunfisch, Seebarsch, Matjes) auf eine Handfläche legen. Einen Tupfer Wasabipaste oder geriebenen Meerrettich daraufgeben. Einen Reisball mit der anderen Hand darauf drücken und mit Daumen und Zeigefinger fest pressen. Vorsichtig umdrehen, in rechteckige Form drücken und mit Lauch und nach Belieben mit Radieschen oder Gurken verzieren. Die Matjes-Sushis mit den Frühlingszwiebeln bestreuen. Auf eine Platte oder ein Lacktablett legen.
- Für die Räucherlachs-Sushis jeweils ein Quadrat Lachs auf ein Stück Klarsichtfolie geben, einen Reisball in der Mitte platzieren und die Folie zu einem Ball drehen. Die Räucherlachs-Sushis zu den anderen Sushis legen.
- Die Sushis mit Ingwer und nach Belieben mit Schnittlauch anrichten. Für jede Person ein kleines Schälchen mit Sojasauce zum Dippen bereitstellen.

Nährwerte pro Portion:
481 kcal/ 26,4 g E/ 64,2 g KH/ 12,5 g F/ 23,4 % Fettkalorien

WISSEN

Sushi: das perfekte LowFett 30-Food

Japanisches Sushi ist LowFett 30-Food vom Feinsten. Sushi besteht aus Reis, Algen, Wasabi (japanischer Meerrettich) und rohem Fisch. Nahezu alle Fischsorten und einige Schaltiere eignen sich für die Zubereitung von Sushi: Lachs und Thunfisch, Makrele und Tintenfisch, Rotbarbe oder Seeaal, Muscheln, Krabben, Scampis oder Kaviar.

Sushi gibt es in unterschiedlichen Varianten: Sie werden oft kunstvoll gerollt oder gewickelt (siehe Foto), eine Arbeit, die reichlich Fingerspitzengefühl erfordert.

Bei Sushi wird die Ernährungspyramide perfekt umgesetzt. Es enthält reichlich Kohlenhydrate (Reis), hochwertiges Eiweiß ohne Fett (rohen Fisch) und Omega-3-Fettsäuren (ebenfalls Fisch) sowie jodhaltige Algen. Entsprechend figurfreundlich präsentieren sich die Häppchen: 100 Gramm Sushi hat nur 100 bis 110 Kilokalorien und einen Fett-Prozent-Anteil von durchschnittlich unter 10 % der Kilokalorien aus Fett.

Lachswok mit Bandnudeln

Nudeln und Fisch sind eine gute Kombination, die lange satt hält.

- Die Zwiebeln schälen, halbieren und in Streifen schneiden. Die Knoblauchzehen abziehen und fein würfeln. Die Petersilie waschen, trocken tupfen, von den Stielen zupfen und fein hacken.
- Das Lachsfilet in 1 – 2 cm große Würfel schneiden.
- Die Nudeln nach Packungsanweisung zubereiten. Die Chilischote zerbröseln und mit den Gewürzen im Mörser zerstoßen.
- Die Tomaten klein schneiden und wieder zurück in den Saft geben.
- Den Wok heiß werden lassen und darin das Öl erhitzen. Die Lachswürfel mit Salz und Pfeffer würzen und im Wok von allen Seiten ca. 4 Minuten braten. Herausnehmen, auf einen Teller legen und beiseite stellen.
- Die Zwiebelstreifen, den Knoblauch und die zerstoßenen Gewürze in den heißen Wok geben, bei Bedarf etwas Wasser zugeben, unter Rühren andünsten, mit Paprikapulver bestäuben und mit dem Weinessig beträufeln. Die Gemüsebrühe angießen und alles unter häufigem Rühren etwa 5 Minuten dünsten.
- Abschmecken, die Lachswürfel und die Petersilie unterziehen. Mit dem Dill garnieren und sofort mit den abgetropften Nudeln servieren.

Nährwerte pro Portion:
587 kcal/ 34,7 g E/ 73,6 g KH/ 16,6 g F/ 24,5 % Fettkalorien

▶ **Für 4 Personen**
gelingt leicht ⊘ **35 Min.**
2 große Zwiebeln
4 Knoblauchzehen
½ Bund glattblättrige Petersilie
400 g Lachsfilet
400 g breite Bandnudeln
2 getrocknete Chilischoten
1 TL Pimentkörner
1 TL schwarze Pfefferkörner
1 TL Kreuzkümmel
1 TL Korianderkörner
400 g geschälte Tomaten mit Saft (Dose)
1 EL Sonnenblumenöl
Salz
Pfeffer aus der Mühle
¼ l Gemüsebrühe
½ TL edelsüßes Paprikapulver
2 EL Weinessig
etwas Dill

HAUPTGERICHTE

>> Rosmarinkartoffeln aus dem Ofen

Eine Beilage mit mediterranem Flair.

▶ **Für 4 Personen**

gelingt leicht　⊘ **10 Min., Garzeit: 25 Min.**

800 g neue, kleine Kartoffeln (z. B. Drillinge) · 3 Zweige Thymian · 2 Zweige Rosmarin · Salz · schwarzer Pfeffer aus der Mühle · 1 EL Olivenöl

- Ein Backblech mit Backpapier auslegen und den Backofen auf 180°C vorheizen.
- Die Kartoffeln waschen, gründlich bürsten, je nach Größe halbieren und in eine Schüssel geben.
- Die Kräuter waschen und trockentupfen.
- Von den Thymian- und Rosmarinzweigen die Blättchen bzw. Nadeln abzupfen und fein hacken.
- Kräuter, Salz, Pfeffer und das Olivenöl über die Kartoffeln geben und alles gut miteinander vermengen.
- Die Kartoffeln auf dem vorbereiteten Backblech verteilen und im Ofen 25 Minuten garen.

Nährwerte pro Portion:
171 kcal/ 4,1 g E/ 29,9 g KH/ 3,3 g F/ 17,4 % Fettkalorien

BEILAGEN

Bratkartoffeln

Bratkartoffeln sollen schön braun werden. Wie das mit einer minimalen Fettmenge gelingt, zeigt dieses Rezept.

▶ **Für 4 Personen**
preisgünstig ⊙ **25 Min.**

1 kg frisch gekochte Pellkartoffeln · 2 Zwiebeln · 1 TL Rapsöl Rauchsalz · Pfeffer aus der Mühle · 3 TL gekörnte Gemüsebrühe

- Die Kartoffeln heiß abpellen und in Scheiben schneiden. Die Zwiebeln abziehen und würfeln.
- Das Öl in einer großen, beschichteten Pfanne erhitzen, die Kartoffelscheiben darin anbraten, mit Rauchsalz und Pfeffer bestreuen und wenden. Die Zwiebeln zufügen.
- Die Gemüsebrühe in 75 ml warmem Wasser auflösen und nach und nach an die Kartoffeln gießen. Kartoffeln braten, bis sie rundum braun sind, dabei öfter wenden. Eventuell mit Salz und Pfeffer nachwürzen.

TIPP

Rauchsalz besteht aus Meersalz, das im Räucherfeuer das Raucharoma in sich aufgenommen hat.

Nährwerte pro Portion:
174 kcal/ 5,1 g E/ 31,5 g KH/ 2,4 g F/ 12,4 % Fettkalorien

Pellkartoffeln mit Quark

Ein Klassiker, der am besten mit neuen Kartoffeln schmeckt.

▶ **für 4 Portionen**
preisgünstig ⊙ **35 Min.**

1,2 kg gleich große Kartoffeln · Salz · 500 g magerer Speisequark · 4 EL fettarme Milch · Pfeffer aus der Mühle · 1 Bund Schnittlauch (oder andere Kräuter)

- Die Kartoffeln unter fließend Wasser mit einer Gemüsebürste schrubben, in einen Topf geben, knapp mit Wasser bedecken, 1 TL Salz einstreuen und ca. 30 Minuten garen.
- In der Zwischenzeit den Quark mit Milch, Salz, Pfeffer verrühren. Den Schnittlauch waschen, trocken tupfen, in feine Ringe schneiden und unter den Quark mengen.
- Das Wasser aus dem Topf abgießen und die heißen Kartoffeln ruhig mit Schale und natürlich – dem Quark – verzehren.

TIPP

Nach Belieben kann der Quark noch mit einer Meerrettichstange, Chilischoten, Zwiebeln, Knoblauch etc. verfeinert werden.

Nährwerte pro Portion:
317 kcal/ 23,9 g E/ 50,2 g KH/ 0,9 g F/ 2,6 % Fettkalorien

Kartoffelviertel mit Paprikasalsa

Wenn Sie es nicht so scharf mögen, lassen Sie die Chilischoten weg.
Die Salsa schmeckt ohnehin sehr würzig.

- Den Backofen auf 175 °C vorheizen.
- Die Kartoffeln gründlich waschen und abbürsten. Die Kartoffeln längs vierteln, eventuell quer halbieren und salzen.
- Paprika, Kreuzkümmel und Oregano mischen. Die Kartoffeln mit der Würzmischung bestreuen und mit der Hautseite nach oben auf ein mit Backpapier ausgelegtes Backblech legen und etwa 25 Minuten backen. Die Kartoffeln wenden und 10 – 15 Minuten weiterbacken, bis sie gar sind.
- Inzwischen die Paprikaschoten vierteln, putzen und mit der Hautseite nach oben auf ein Backblech legen. Unter dem Backofengrill 10 Minuten grillen, bis die Haut schwarz ist und Blasen wirft.
- Die Zwiebel schälen und in dicke Ringe schneiden. Mit dem ungeschälten Knoblauch nach 5 Minuten zu den Paprikavierteln geben. Die Paprika mit einem feuchten Küchentuch bedecken und etwa 10 Minuten ruhen lassen.
- Die Chilischoten längs aufschlitzen, entkernen und waschen. Mit Handschuhen arbeiten, sonst sofort danach die Hände waschen!
- Das Basilikum waschen, trocken schütteln und die Blättchen abzupfen. Die Limette auspressen.
- Die Haut der Paprikaschoten abziehen und den Knoblauch schälen. Mit den Zwiebeln, geschältem Knoblauch, Chili, Limettensaft und Basilikum im elektrischen Blitzhacker zerkleinern. Das Öl untermischen und alles mit Rotweinessig, Gemüsebrühe, Salz und Pfeffer abschmecken. Die Kartoffeln mit der Paprikasalsa servieren.

Nährwerte pro Portion:
267 kcal/ 7,7 g E/ 38,4 g KH/ 7,9 g F/ 26,6 % Fettkalorien

▶ **Für 4 Personen**
braucht etwas mehr Zeit
🕑 **40 Min.**

800 g	Kartoffeln
	Salz
1 TL	Paprikapulver
½ TL	Kreuzkümmel
½ TL	getr. Oregano
2	rote Paprikaschoten
1	große Zwiebel
2 – 3	Knoblauchzehen
2	kleine rote Chilischoten
1	Bund Basilikum
1	Limette
2 EL	Olivenöl
1 – 2 EL	Rotweinessig
3 EL	Gemüsebrühe (Instant)
	Pfeffer aus der Mühle

BEILAGEN

>> Nudelteig-Grundrezept

Selbst gemachte Nudeln sind heutzutage ein echtes Highlight, mit dem man Gäste überraschen kann, dabei ist es mit etwas Übung ganz einfach.

▶ **Für 4 Personen**
   schön für Gäste ⊘ **5 Min.,**
   Teigruhezeit: 20 Min.,
   Trockenzeit: 1 Std.,
   Garzeit: 2 – 5 Min.
400 g Mehl
   4 Eier
   Salz

- Für den Nudelteig alle Zutaten miteinander verkneten. Besonders gut gelingt der Teig in der Küchenmaschine. Sollte er zu fest sein, etwas Wasser hinzugeben.
- Den Teig 20 Minuten ruhen lassen.
- Auf eine bemehlte Unterlage legen. Falls erforderlich, mit den Händen durchkneten, bis der Teig geschmeidig und elastisch ist. Er darf keinesfalls an den Händen kleben.
- Den Teig in kleine Portionen teilen und mehrmals durch die Nudelmaschine drehen oder sehr dünn mit dem Nudelholz ausrollen.
- In die gewünschte Form schneiden und 1 Stunde an der Luft trocknen lassen.
- Die Nudeln in reichlich Salzwasser (pro 500 g Nudeln 4 Liter Wasser) kochen. Nach 2 – 5 Minuten, je nach Dicke der Teigwaren, in ein Sieb schütten.

Tipp

Nudeln mit 4 EL fein püriertem Spinat oder mit 4 EL Tomatenmark einfärben.

Nährwerte pro Person:
463 kcal/ 18,5 g E/ 78,4 g KH/ 7,8 g F/ 15,2 % Fettkalorien

BEILAGEN

 ## Kartoffelklöße, halb und halb

Echte Kartoffelklöße spielen in einer ganz anderen Liga
als ihre Kameraden aus der Packung.

▶ **Für 8 große Klöße**
braucht etwas Zeit ⏲ **Vorbereitungszeit: 40 Min.**
(am Vortag), Zubereitungszeit: 70 Min.
1250 g Kartoffeln · 65 g Mehl · 1 Ei · 1 TL Salz

- Am Vortag 750 g Kartoffeln waschen und mit der Schale in
  etwas Salzwasser kochen. Sofort pellen und durch die
  Kartoffelpresse drücken, bis zum nächsten Tag kalt stellen.
- Am nächsten Tag die restlichen Kartoffeln schälen, waschen und fein reiben. Die Kartoffelmasse auf ein sauberes
  Geschirrtuch geben, fest ausdrücken, damit die Flüssigkeit
  entweicht. Die Masse in eine große Schüssel geben und die
  gekochten Kartoffeln vom Vortag, das Mehl, das Ei und das
  Salz zufügen und zu einem glatten Teig vermengen.
- Aus der Masse mit bemehlten Händen 8 große (oder
  16 kleine) Klöße formen und in kochendem Salzwasser
  bei schwacher Hitze ca. 20 bis 30 Minuten kochen.
- Mit dem Schaumlöffel herausnehmen und in eine Schüssel
  geben, in der ein umgedrehter Teller liegt. So kann das
  Wasser gut abtropfen und die Klöße kleben nicht.

TIPP

**Ein altbackenes Brötchen in Würfel schneiden, in
einer beschichteten Pfanne in wenig Butter goldgelb
rösten und beim Formen der Klöße in die Mitte jeweils
1 – 2 Brotwürfelchen geben.**

Nährwerte pro Stück:
150 kcal/ 5 g E/ 29 g KH/ 1,1 g F/ 6,6 % Fettkalorien

 ## Semmelknödel

Auch selbst gemacht, aber lange nicht so aufwendig
wie die Kartoffelklöße.

▶ **Für 8 Knödel**
gelingt leicht ⏲ **20 Min., Zeit zum Durchziehen: 30 Min.**
6 – 8 altbackene Brötchen · ¼ l lauwarme Milch, 1,5 % Fett
1 Bund Petersilie · 1 Zwiebel · 2 Eier · 1 gestr. TL Salz
bei Bedarf etwas Grieß

- Die Brötchen in kleine Würfel schneiden. Die Milch über
  die Brötchenwürfel gießen, 30 Minuten ziehen lassen.
  Bei Bedarf noch etwas Milch zugeben.
- Die Petersilie waschen, trocken schütteln und klein
  schneiden. Die Zwiebel schälen und sehr fein würfeln oder
  reiben. Die Petersilie, die Zwiebel, die Eier und das Salz zur
  Brötchenmasse geben und alles zu einem geschmeidigen
  Teig verarbeiten.
- In einem großen Topf reichlich Salzwasser zum Kochen
  bringen. Mit nassen Händen etwa 8 Knödel formen. Eventuell einen Probeknödel formen und prüfen, ob er im
  siedenden Wasser gut fest bleibt, sonst noch ein wenig
  Grieß unter die Knödelteigmasse kneten.
- Nach und nach alle Knödel in das Salzwasser geben und
  ca. 15 Minuten bei milder Hitze ziehen lassen. Die Semmelknödel mit der Schaumkelle herausheben und in
  eine Schüssel geben, in der ein umgestürzter Teller liegt.
  Gut abtropfen lassen.

TIPP

**In Fleischbrühe gegart schmecken die Semmelknödel
besonders gut.**

Nährwerte pro Stück:
155 kcal/ 7 g E/ 25 g KH/ 2,8 g F/ 16,3 % Fettkalorien

Gemüsecurry mit Joghurt

Gemüse darf bei keiner Hauptmahlzeit fehlen.
Dieses Curry passt zu Fisch und Fleisch.

▶ **Für 4 Personen**
gelingt leicht ⊘ **40 Min.**
800 g gemischtes Gemüse (z. B. Blumenkohl, grüne Bohnen,
Möhren, Auberginen, Paprika) · Salz · 3 Schalotten · 2 Knoblauchzehen · 2 cm frische Ingwerwurzel · 250 ml Gemüsebrühe (Instant) · 1 EL Currypulver · 1 TL Zucker · 200 g Magerjoghurt · 1 TL Speisestärke · einige Minzeblättchen nach
Belieben

- Das Gemüse putzen, waschen, in mundgerechte Stücke
  schneiden und in einem Topf in wenig Salzwasser bissfest
  dünsten. In ein Sieb geben und gut abtropfen lassen.
- Die Schalotten, den Knoblauch und den Ingwer schälen,
  fein hacken und alles vermischen. Etwa 50 ml Gemüsebrühe in einer beschichteten Pfanne erhitzen und die
  Schalottenmischung darin andünsten. Currypulver und
  Zucker daraufstreuen, unterrühren und die restliche
  Brühe dazugießen.
- Das vorgegarte Gemüse dazugeben und alles 2 – 3 Minuten
  kochen lassen. Den Joghurt mit der Speisestärke glatt
  rühren, zum Gemüse geben und alles noch einmal auf-
  kochen lassen. Das Curry auf 4 Tellern anrichten und nach
  Belieben mit Minzeblättchen dekorieren.

Nährwerte pro Portion:
147 kcal/ 8,2 g E/ 23,5 g KH/ 1,9 g F/ 11,6 % Fettkalorien

Gemüseragout

Das Gemüseragout kann man vielfältig variieren,
je nachdem, was der Kühlschrank gerade hergibt.

▶ **Für 8 Personen**
braucht etwas Zeit ⊘ **ca. 35 Min., Garzeit: ca. 50 Min.**
500 g Auberginen · Salz · 2 rote Paprikaschoten · 500 g Zucchini · 2 große Zwiebeln · 4 Knoblauchzehen · 1 EL Olivenöl
100 g Gemüsebrühe · 2 TL gemahlener Kreuzkümmel
1 TL Paprikapulver · 1 Msp. Cayennepfeffer · 4 Tomaten
1 Zitrone, den Saft · 4 EL gehackter Koriander

- Die Auberginen waschen, von den Stielansätzen befreien
  (ein Tuch oder Handschuhe benutzen, damit die kleinen
  Stacheln nicht in die Haut eindringen – es kann außerordentlich schwierig sein, sie wieder herauszuziehen), klein
  würfeln, in ein Sieb geben, mit Salz bestreuen und etwa
  30 Minuten in Wasser ziehen lassen.
- Die Paprikaschoten halbieren, entkernen, waschen und in
  kleine Würfel schneiden. Die Zucchini waschen, von den
  Stielansätzen befreien und ebenfalls klein würfeln. Die
  Zwiebel und den Knoblauch schälen und fein hacken.
- Den Backofen auf 200 °C vorheizen. Die Auberginenwürfel
  trocken tupfen. Das vorbereitete Gemüse mit Knoblauch,
  Olivenöl, Gemüsebrühe und den Gewürzen in einen
  Schmortopf geben und alles gut vermengen. Das Ganze
  zugedeckt auf der mittleren Schiene im Ofen etwa
  30 Minuten garen.
- Die Tomaten waschen, halbieren, vom Stielansatz befreien,
  entkernen und klein würfeln. Die Tomatenwürfel nach
  30 Minuten Schmorzeit zu der Gemüsemischung geben
  und alles weitere 20 Minuten im Ofen garen.
- Den Zitronensaft und den Koriander zum Gemüse geben.
  Alles vermengen und servieren. (Das Gemüseragout
  schmeckt auch kalt sehr gut.)

Nährwerte pro Portion:
64,5 kcal/ 2,7 g E/ 7,9 g KH/ 2,1 g F/ 29,3 % Fettkalorien

LowFett 30-Saucen

Um das Fett aus Suppen und Saucen zu entfernen, hilft Küchenkrepp: Das Papier einfach auf Brühe oder Sauce legen, es saugt das Fett auf. Wer mag, kann sich eine spezielle Fettkanne anschaffen. Ihr Ausguss setzt so weit unten an, dass das Fett, das auf der Oberfläche schwimmt, beim Ausgießen in der Kanne bleibt.

Eine ganz einfache und sehr saubere Methode ist es, Brühen oder Saucen im Kühlschrank über Nacht erkalten zu lassen. Am nächsten Tag kann man dann das überflüssige Fett als feste Platte mit einem Löffel abheben und direkt entfernen.

Wenn Sie folgende Empfehlungen beherzigen, kommt gar nicht erst zu viel Fett in die Sauce hinein:

- Saucenbinder für dunkle oder helle Saucen nehmen. Achten Sie beim Kauf darauf, dass auf der Verpackung kein »Pflanzenfett« und keine »Geschmacksverstärker« ausgewiesen sind.
- Gemüse (Möhrchen, Zwiebeln, Sellerie, Blumenkohl) fein raspeln und mitschmoren. Das schmeckt besonders lecker bei Gulasch, Rouladen und allen geschmorten Braten.
- Fettfreie Fonds (reiner Fond, Demi-Glace oder Fleischextrakt) dazugeben.
- Speisestärke mit kaltem Rotwein anrühren und unter die köchelnde Sauce rühren. Aufkochen lassen, fertig!

- Tomatensauce oder Gemüsepüree (z. B. aus roter Paprika) als Ersatz für Bratensauce zu hellem Fleisch, Fisch und Scampis reichen.
- Gebratene Filetstücke mit Aceto balsamico oder Sojasauce plus Rotwein ablösen: Das passt vor allem zu Salat! Den kompletten Inhalt der Pfanne inklusive Flüssigkeit über den Salat geben und auf diese Weise auch noch Dressing einsparen.
- Joghurt (150-Gramm-Becher Magerjoghurt) mit 1 EL Mehl verrühren und die Sauce damit binden. Mehl verhindert, dass der Joghurt ausflockt!

Mit der Zeit werden Sie ein wahrer Meister in Sachen Saucen werden. Sie brauchen wirklich nur ein bisschen Feeling für die Zutaten und eine kleine Portion Mut. (Plus ein oder zwei Fertiggerichte, wenn das Experiment wirklich mal danebengegangen ist! Das kommt zum Glück selbst bei Anfängern selten vor!) Als Starthilfe kommen hier noch vier Grundrezepte, die man vielfältig verwenden und auch individuell variieren kann.

» Currysauce

▶ **Für 2 Portionen**
preisgünstig ⏱ **40 Min.**
1 TL Mehl · 1 TL Curry · 150 ml Kokosmilch (Dose) · 1 kleine Dose Ananasstücke · 1 rote Paprika · 1 TL Apfelmus · Salz · Pfeffer · 1 EL Kondensmilch

- Mehl und Curry in einem Kochtopf langsam erwärmen.
- Nach und nach die Kokosmilch unterziehen und mit dem Schneebesen kräftig aufschlagen. 30 Minuten köcheln lassen.
- Ananas und Paprika klein schneiden und unterheben.
- Apfelmus und Kondensmilch einrühren und mit Salz und Pfeffer abschmecken.

Tipp
Passt gut zu gebratenem Geflügel.

Nährwerte pro Portion:
66,4 kcal/ 1,3 g E/ 13,3 g KH
0,7 g F/ 9,5 % Fettkalorien

Hot Chili Sauce

▶ **Für 10 Portionen**
braucht etwas Zeit ⏱ 40 Min.,
Kochzeit: 20 Min.
300 g Paprikaschoten · 3 – 5 Chilischoten · 2 Stück Staudensellerie
500 g Tomaten · 1 kleine Zucchini
1 TL Salz

- Das Gemüse waschen. Paprika halbieren, entkernen, Zucchini vom
Stielansatz befreien, den Blütenansatz keilförmig aus der Tomate
schneiden und die Haut einritzen.
- Paprikaschoten in kleine Würfel
schneiden.
- Chilischoten mit der Schere klein
schneiden. (Handschuhe anziehen!)
- Den Staudensellerie und die Zucchini
ebenfalls in kleine Würfel schneiden.
- Tomaten enthäuten (in kochendes
Wasser geben, 1 Minute ziehen lassen, mit kaltem Wasser abschrecken
und Haut abziehen) und ebenfalls in
kleine Würfel schneiden.
- Nun die Paprikaschote, die Chili-
stückchen und den Sellerie mit ½
Tasse Wasser und dem Salz aufsetzen und 5 Minuten köcheln lassen.
- Dann die Zucchini zugeben und nach
einer weiteren Minute die Tomatenwürfel.
- Mit geschlossenem Deckel 10 Minuten köcheln lassen.
- Die Chilisauce passt zu: gegrilltem
Fleisch, Fondue, als Grundlage für
eine Pepperoni-Pizza, sowie zu
Nudeln, Reis und Kartoffeln.

Nährwerte pro Portion:
27 kcal/ 1,5 g E/ 4,1 g KH/ 0,4 g F
13,3 % Fettkalorien

Remouladensauce

▶ **Für 10 Portionen**
gelingt leicht ⏱ 60 Min.
30 g leichte Salatmayonnaise, 15 %
125 ml Fleischbrühe · 200 g Frühlingszwiebeln und/oder Schnittlauch
400 g Zwiebel · 100 g Dill · 300 g
Petersilie · 50 g Kerbel · 500 g saure
Gürkchen · 100 g Kapern · 500 g
Joghurt, 1,5 % Fett

- Frühlingszwiebeln und die Kräuter
waschen, trocken schleudern, die
Kräuter von den dicken Stielen
zupfen.
- Alles »Gemüse«, Kräuter, Gürkchen,
fein hacken. Die Zwiebel schälen und
würfeln.
- Die Mayonnaise mit der Fleischbrühe
verrühren und den Joghurt ebenfalls
unterrühren.
- Dann das ganze »Grünzeug« zur
Creme geben und gut verrühren.

Tipp

Es schadet nicht, die Remoulade
über Nacht im Kühlschrank
durchziehen zu lassen, sie gewinnt
dadurch noch an Geschmack. Insgesamt hält sich die Remouladensauce selbst unter günstigen
Bedingungen nur etwa 3 Tage.

Nährwerte pro Portion:
48,7 kcal/ 5,7 g E/ 12,8 g KH
1,4 g F/ 25,9 % Fettkalorien

Zitronensauce

▶ **Für 10 Portionen**
schön für Gäste ⏱ 30 Min.
250 ml Milch, 1,5 % Fett · 5 ml Sahne
100 g Zucker · 30 g Stärke · 250 ml
Fleischbrühe (bei Fischgerichten:
Fischfond) · 1 TL Salz · 4 unbehandelte Zitronen, Saft und Schale

- Milch, Fleischbrühe, Salz und Zucker
in einem Topf erhitzen.
- Zitronen waschen, die Schale abreiben, den Saft auspressen und mit
der Stärke vermischen.
- Sobald die Fleischbrühe kocht, Zitronensaft zugeben und kräftig rühren,
bis die Sauce eindickt.
- Nun nur noch die Sahne zugeben und
servieren.

Tipp

Zitronensauce passt gut zu wei-
ßem Fisch, zu Fondue und zu
Spargel und mit 1 kg Räucherlachs
und 1,5 kg Nudeln wird aus der
Sauce noch ein wunderbares Par-
tygericht (mit 12% Fettkalorien!).

Nährwerte pro Portion:
86,3 kcal/ 1,1 g E/ 16,3 g KH
1,2 g F/ 12,5 % Fettkalorien

Kokosmilchreis mit Himbeermus

Süß und fruchtig. – Den Milchreis kann man
warm und kalt genießen.

▶ **Für 4 Personen**
gelingt leicht   ⊙ **30 Min.**
500 ml Milch, 1,5 % Fett · 100 g Milchreis · **2 EL** Zucker
1 Päckchen Vanillezucker · **3 EL** Kokosflocken · **1** Prise Salz
250 g Himbeeren frisch oder TK

- Die Milch aufkochen, Milchreis, Zucker, Vanillezucker,
  Kokosflocken und Salz dazugeben und unter ständigem
  Rühren bei geringer Hitze 30 Minuten ausquellen lassen.
- Frische Himbeeren waschen, putzen, tiefgekühlte auftauen
  lassen und pürieren.
- Den Milchreis warm essen oder abkühlen lassen. Das Him-
  beermus dann über den Milchreis geben.

Nährwerte pro Portion:
209 kcal/ 3,8 g E/ 33 g KH/ 5,3 g F/ 22,7 % Fettkalorien

DESSERTS UND SÜSSSPEISEN

Chafrizzor Teesorbet

Super erfrischend und regenerierend.

▶ **Für 4 Personen**

preisgünstig   🕐 30 Min., Kühlzeit: 1½ Std.,
Gefrierzeit: 20 Min.

2 gehäufte TL grüner Tee (20 – 25 g) · 100 g Zucker
2 TL Limettensaft · Pfefferminzzweige zum Garnieren

▬ Zunächst 600 ml Wasser zum Kochen bringen, etwas
abkühlen lassen und 200 ml über die Teeblätter gießen.
1 Minute ziehen lassen und durch ein feines Sieb abgießen.
Dieser erste Absud wird weggeschüttet.

▬ Die Teeblätter zurück in das Gefäß geben, mit dem restlichen Wasser übergießen und etwa 3 Minuten ziehen
lassen. Den Tee in einen hohen Rührbecher abseihen, den
Zucker und den Limettensaft dazugeben und rühren, bis
sich der Zucker aufgelöst hat. Den Tee abkühlen lassen und
für etwa 1½ Stunden in den Kühlschrank stellen.

▬ Den Tee in die Eismaschine füllen und etwa 20 Minuten
gefrieren lassen.

▬ Das Teesorbet mit einem Eislöffel portionieren. Je 2 Eis-
kugeln in ein Schälchen geben und diese mit Pfefferminz-
zweigen dekorieren.

Nährwerte pro Portion:
114 kcal/ 1,5 g E/ 25,6 g KH/ 0,4 g Fett/ 3,2 % Fettkalorien

Champagner-Johannisbeer-Tamarillo-Sorbet

Eine prickelnde, exquisite Erfrischung, mit der Sie
Ihre Gäste verwöhnen können.

▶ **Für 4 Personen**

schön für Gäste   🕐 30 Min., Gefrierzeit: 3 Std.,
Antauzeit: 15 Min.

¼ unbehandelte Orange, die Schale · 100 g Zucker
½ Gewürznelke · 3 frische Tamarillos (Baumtomaten)
100 g weiße Johannisbeeren · 100 g rote Johannisbeeren
1 Zitrone · 1 Orange · 350 ml Champagner

▬ Die Orange waschen und die Schale abreiben.

▬ In einem Topf den Zucker und 3 EL Wasser mit der Gewürznelke und der Orangenschale unter Rühren aufkochen. Alles durch ein Sieb gießen und erkalten lassen.

▬ Die Tamarillos waschen, halbieren und das Fruchtfleisch
mit einem Löffel herauskratzen. Die Johannisbeeren waschen, entstielen und mit Küchenkrepp trocken tupfen.

▬ Den Saft aus der Zitrone und der Orange pressen.

▬ Die Tamarillos und die Johannisbeeren mit dem Zitronen-
und Orangensaft im Mixer fein pürieren. Das Mus durch
ein Sieb streichen und mit dem Zuckersirup cremig rühren.

▬ Das Sorbet zum Gefrieren 3 Stunden ins Tiefkühlfach
stellen. Vor dem Servieren das Sorbet 15 – 20 Minuten
antauen lassen. Das Dessert auf Champagnergläser verteilen, mit Champagner aufgießen und sofort servieren.

Nährwerte pro Portion:
256 kcal/ 2,1 g E/ 43,1 g KH/ 0,7 g F/ 2,5 % Fettkalorien

▶ Champagner-Johannisbeer-Tamarillo-Sorbet.

›› Cucumbra (Gurkensorbet)

Eis muss nicht unbedingt süß sein. – Das Gurkensorbet ist ein echter Hit für heiße Sommertage.

▶ **Für 6 Personen**

preisgünstig ⏱ **25 Min., Gefrierzeit: 15 Min.**

1 mittelgroße Salatgurke · 2 EL Zitronensaft · 3 Tropfen Olivenöl · 2 EL frische, sehr fein gehackte Kräuter · ½ TL Salz 1 Msp. Zucker · schwarzer Pfeffer aus der Mühle · 2 frische Eiweiß · 6 Zweige Dill zum Garnieren

- Die Gurke schälen und einige dünne Scheiben abschneiden. Diese mit Folie bedeckt in den Kühlschrank stellen. Die restliche Gurke längs halbieren und die Kerne mit einem Löffel herausschaben.
- Die Gurkenhälften in grobe Stücke schneiden und mit dem Zitronensaft, dem Öl, den Kräutern, dem Salz und dem Zucker pürieren. Mit Salz und Pfeffer pikant abschmecken, eventuell mit Zucker und Zitronensaft nachwürzen.
- Die Eiweiße mit 1 Prise Salz steif schlagen und den Eischnee mit dem Schneebesen unter das Gemüsepüree ziehen, bis keine Flöckchen mehr zu sehen sind. Das Ganze nochmals abschmecken, in die laufende Eismaschine füllen und 15 Minuten gefrieren lassen.
- Das Gurkeneis mit einem Eisschaber auf Schälchen verteilen. Die Gurkenscheiben auf Holzspieße stecken. Das Eis mit je 1 Gurkenspieß und 1 Zweig Dill dekorieren.

Nährwerte pro Portion:
20,8 kcal/ 1,9 g E/ 1,9 g KH/ 0,5 g F/ 21,6 % Fettkalorien

›› Daukolätta Buttermilch-Möhren-Sorbet

Und das ist jetzt der absolute Clou! Schön kühlend und mit sehr vielen Geschmackseindrücken!

▶ **Für 4 Personen**

schön für Gäste ⏱ **10 Min., Gefrierzeit: 1½ Std.**

300 ml Möhrensaft, ungesüßt · 1 gehäufter TL Kräutersalz weißer Pfeffer aus der Mühle · 75 ml Orangensaft · 3 TL Limettensaft · ½ l Buttermilch · einige Zweige glattblättrige Petersilie

- Den Möhrensaft mit den Gewürzen, dem Orangen- und dem Limettensaft vermischen.
- Die Flüssigkeit in die laufende Eismaschine gießen und etwa 25 Minuten gefrieren lassen.
- Das Sorbet in eine Plastikdose geben und verschlossen noch eine Stunde gefrieren.
- Die gekühlte Buttermilch auf 4 Gläser verteilen. Das Sorbet mit einem Eislöffel portionieren, auf die Gläser verteilen und mit Petersilienzweigen (zuvor gewaschen und trocken getupft) dekorieren.

Nährwerte pro Portion:
77,8 kcal/ 4,9 g E/ 11 g KH/ 0,9 g F/ 10,4 % Fettkalorien

Pfirsichcreme

Mit wenigen zusätzlichen Handgriffen wird aus Quark plus Pfirsichen eine echte Cremespeise.

▶ **Für 4 Personen**
gelingt leicht ⏲ 15 Min.,
Kühlzeit: 2 Std.
1 Dose Pfirsiche (850 ml) · 1 frisches Ei · 1 EL Puderzucker · 150 g Naturjoghurt (1,5 % Fett) · 150 g Speisequark (Magerstufe) · etwas Zitronensaft 3 Blatt weiße Gelatine · 4 EL Pfirsichsaft · 1 EL gehackte Walnusskerne

- Pfirsiche abtropfen lassen, 4 Pfirsichhälften zurücklassen, die restlichen pürieren.
- Ei trennen, Eigelb mit Puderzucker schaumig rühren. Joghurt, Quark und die pürierten Pfirsiche zufügen und mischen. Mit Zitronensaft abschmecken.
- Gelatine nach Packungsanweisung mit Pfirsichsaft auflösen, unter die Masse rühren und kalt stellen.
- Eiweiß steif schlagen und unter die gelierende Masse heben. In vier Dessertschalen anrichten. Jede Portion mit einer in Streifen geschnittenen Pfirsichhälfte garnieren; mit Walnusskernen bestreut servieren.

Nährwerte pro Portion:
208 kcal/ 11,4 g E/ 29 g KH/ 4,8 g F
20,8 % Fettkalorien

Rhabarber-Aspik

Ein nahezu fettfreies Dessert. Falls Sie Eis oder Sauce hinzufügen, allerdings nicht mehr.

▶ **Für 6 Personen**
gelingt leicht ⏲ 30 Min.,
Kühlzeit: 8 Std.
6 Blatt Gelatine · 750 g Rhabarber 375 ml Weißwein · 175 g Zucker 2 Päckchen Vanillinzucker

- Die Gelatine in kaltem Wasser nach Packungsanleitung einweichen.
- Den Rhabarber waschen, putzen, evt. schälen und in fingerlange Stücke schneiden.
- Den Weißwein mit dem Zucker und Vanillinzucker aufkochen, den Rhabarber zufügen und 2 Minuten dünsten. Alles in ein Sieb geben, die Flüssigkeit auffangen und den Rhabarber in eine Terrinenform schichten.
- Die Flüssigkeit nochmals erhitzen, die ausgedrückte Gelatine darin auflösen und langsam über den Rhabarber gießen.
- Über Nacht im Kühlschrank fest werden lassen. Die Form in heißes Wasser tauchen, das Aspik auf eine Platte stürzen und in Scheiben schneiden.

 **Tipp**
Dazu passt Vanillesauce oder -eis.

Nährwerte pro Portion:
183 kcal/ 1,9 g E/ 32 g KH/ < 0,2 g F
0,1 % Fettkalorien

Kirsch-Aprikosen-Creme mit Amarettini

Wenn es Ihnen seltsam erscheint, lassen Sie den Pumpernickel einfach weg. Doch Sie verpassen was!

▶ **Für 4 Personen**
gelingt leicht ⏲ 25 Min.
500 g Süßkirschen · 500 g Aprikosen 500 g Magerquark · 4 EL Mineralwasser · 2 EL Honig · 1 TL abgeriebene Zitronenschale · 1 Scheibe Pumpernickel (45 g) · 100 g Amarettini (Mandel-Makronen)

- Die Kirschen waschen, entstielen und entsteinen.
- Die Aprikosen waschen, halbieren, den Stein entfernen. Die Hälfte der Aprikosen in Spalten schneiden.
- Die restlichen Aprikosen pürieren, den Quark mit Mineralwasser, Honig und Zitronenschale unterrühren.
- Den Pumpernickel und die Amarettini grob zerbröseln. Kirschen, Aprikosen, Quarkcreme und Amarettini abwechselnd in hohe Gläser schichten und servieren.

Nährwerte pro Portion:
385 kcal/ 23 g E/ 50,8 g KH/ 8,5 g F
19,9 % Fettkalorien

DESSERTS UND SÜSSSPEISEN

 ## Erdbeertiramisu

Dieses Fruchttiramisu schmeckt auch mit anderen Beeren extrem lecker.

▶ **Zutaten für 8 Personen**

schön für Gäste ⏱ **15 Min.**

4 TL Pistazien · 12 Löffelbiskuits · 400 g Erdbeeren (frisch oder TK) · 4 EL Erdbeer-sirup · 1 Päckchen Vanillezucker · 2 EL Zucker · 500 g Naturjoghurt (1,5 % Fett)

- Pistazien fein hacken.
- Eine flache Auflaufform mit Löffelbiskuits auslegen.
- Erdbeeren waschen, Blüte entfernen, große Früchte durchschneiden. Mit dem Sirup marinieren.
- Vanillezucker, Zucker und den Joghurt mit dem Schneebesen verquirlen.
- Die Früchte auf den Löffelbiskuits gleich-mäßig verteilen, den Joghurt darüber-geben.
- Kurz vor dem Servieren mit Pistazien bestreuen.

Nährwerte pro Portion:
149 kcal/ 5,2 g E/ 23,6 g KH/ 3,5 g F
21,1 % Fettkalorien

Pflaumensoße mit Rosmarin

Servieren Sie die Soße zu Grießpudding oder Dampfnudeln.

▶ **Für 4 Personen**
gelingt leicht ⏱ **ca. 20 Min.**
300 g Pflaumen · 3 EL Honig · ½ TL Rosmarin (gehackt) · 1 TL Vanillinzucker · 1 EL Zitronensaft · 1 Prise Zimt

- Pflaumen waschen, halbieren und entsteinen.
- In einem Topf 2 EL Honig goldgelb karamellisieren lassen. Die Pflaumen mit Rosmarin und Vanillinzucker zugeben und 2 Minuten bei geringer Wärmezufuhr kochen.
- Vom Herd nehmen, Zitronensaft zufügen und alles mit dem Schneidestab pürieren. Mit restlichem Honig und Zimt würzen und abschmecken.

Nährwerte pro Portion:
70,2 kcal/ 0,5 g E/ 16 g KH/ 0,2 g F
2,6 % Fettkalorien

Tiramisu mit Weintrauben

Mascarpone ade – hier kommt die fruchtige Light-Variante.

▶ **Für 4 Personen**
schön für Gäste ⏱ **30 Min. ohne Kühlzeit**
80 g Zucker · 250 ml Rotwein 100 g Löffelbiskuits · 250 g Magerquark · 250 g Buttermilchfrischkäse (8 % Fett) · 3 EL Honig · 5 EL Sherry 2 EL Mineralwasser · 100 g grüne Trauben · 100 g blaue Trauben etwas Kakaopulver

- Zucker im Topf karamellisieren lassen. Rotwein nach und nach zugeben, zur Hälfte einkochen lassen.
- Eine Form mit Löffelbiskuits auslegen, mit dem leicht abgekühlten Sirup löffelweise übergießen.
- Quark mit Buttermilchfrischkäse, Honig, Sherry und Mineralwasser verrühren und auf den Biskuits verstreichen.
- Weintrauben gut waschen, halbieren, entkernen und über der Creme verteilen.
- Mindestens 2 Stunden in den Kühlschrank stellen. Kurz vor dem Servieren leicht mit Kakao bestäuben.

Nährwerte pro Portion:
401 kcal/ 19,3 g E/ 57,9 g KH
3,6 g F/ 8,1 % Fettkalorien

Yobro (Brombeer-Joghurt-Eis)

Für dieses leichte Joghurteis eignen sich auch andere Früchte.

▶ **Für 6 Portionen**
gelingt leicht ⏱ **20 Min., Gefrierzeit: 6 Std.**
125 g Brombeeren (frisch oder TK-Ware) · 40 g Puderzucker · 1 frisches Ei · 75 g Joghurt (1,5 % Fett)

- Frische Brombeeren verlesen und abspülen, TK-Brombeeren auftauen lassen.
- Die Beeren mit 1 EL Puderzucker mit dem Mixstab pürieren. Das Beerenmus durch ein Sieb streichen.
- Das Ei und den restlichen Puderzucker mit den Quirlen des Handrührgeräts hellgelb und cremig aufschlagen. Nach und nach das Beerenmus und den Joghurt unterrühren.
- Die Masse in die Eisförmchen (etwa 50 ml Volumen) füllen, die Förmchen verschließen und das Eis im Gefrierfach mindestens 6 Stunden gefrieren lassen.

Nährwerte pro Portion:
54,7 kcal/ 2,1 g E/ 8 g KH/ 1,5 g F
24,7 % Fettkalorien

DESSERTS UND SÜSSSPEISEN

111

DESSERTS UND SÜSSSPEISEN

Mirabellenpfannkuchen

Statt mit Mirabellen können Sie den Pfannkuchen auch mit Blaubeeren, Kirschen oder Johannisbeeren zubereiten.

▶ **Für 1 Person**

braucht etwas mehr Zeit ⊙ **20 Min., Quellzeit: 30 Min.**

1 Prise Kardamompulver · 50 g Weizenmehl (Type 1050) ½ TL Backpulver · 1 Prise Salz · 1 frisches Ei (Klasse S) 125 ml Milch (1,5 % Fett) · 1 TL Margarine zum Ausbacken 125 g entsteinte Mirabellen · 75 g Joghurt (1,5 %) · ½ EL Ahornsirup · 1 TL Pistazienkerne · Pfefferminzblättchen Puderzucker

- Die Kardamomsamen aus der Kapsel lösen und im Mörser zerkleinern. Das Mehl, das Backpulver und das Salz in eine Schüssel geben und mischen, in die Mitte eine Mulde drücken.
- Das Ei trennen. Das Eigelb in die Mulde geben und mit der Milch verrühren, dabei den Kardamom unterrühren; es dürfen keine Klumpen entstehen. Den Teig etwa 30 Minuten quellen lassen.
- Das Eiweiß steif schlagen und unter den Teig ziehen. Die Margarine in einer beschichteten Pfanne erhitzen, den Teig hineingeben und einige Mirabellen darauf verteilen. Den Pfannkuchen bei mittlerer Hitze von beiden Seiten goldbraun backen.
- Den Joghurt mit dem Ahornsirup verrühren, auf den fertigen Pfannkuchen geben und die restlichen Mirabellen darauf verteilen. Die Pistazien hacken. Den Pfannkuchen mit Pfefferminzblättchen, Puderzucker und Pistazien garnieren.

Nährwerte pro Portion:
542 kcal/ 22,9 g E/ 71,2 g KH/ 17,6 g F/ 29,2 % Fettkalorien

Stachelbeer-Crumble

Zum Stachelbeer-Crumble empfehlen wir Vanilleeis oder -sauce.

▶ **Für 6 Personen**

schön für Gäste ⊙ **35 Min.**

800 g Stachelbeeren · 4 EL Orangensaft · 1 Pck. Vanille-Soßenpulver · 175 g Zucker · 1 Pck. Vanillezucker · 150 g Mehl · ½ TL Zimtpulver · 50 g Haferflocken · ½ Fläschchen Butter-Vanille-Aroma · 100 g Halbfettmargarine · 1 EL Puderzucker

- Die Stachelbeeren waschen, die Stielchen entfernen und in Hälften schneiden.
- Den Orangensaft mit dem Soßenpulver verrühren, mit 100 g Zucker, dem Vanillezucker und den Stachelbeeren mischen.
- Den Backofen auf 220 °C vorheizen.
- Das Mehl mit den restlichen 75 g Zucker, dem Zimt, den Haferflocken und dem Aroma mischen. Die Margarine in einem Topf bei geringer Hitze zerlassen, zur Mehlmischung geben und alles zu Streuseln verarbeiten.
- Eine große Auflaufform oder 4 kleinere Formen (ca. 15 cm ∅) mit der im Topf verbliebenen Margarine einfetten, die Stachelbeeren einfüllen und mit den Streuseln bestreuen.
- Auf der zweiten Schiene von oben 20 – 25 Minuten backen. Mit Puderzucker bestäubt warm oder kalt servieren.

Nährwerte pro Portion:
398 kcal/ 4,9 g E/ 74,5 g KH/ 7,8 g F/ 17,6 % Fettkalorien

▶ **Stachelbeer-Crumble.**

Rohrnudeln (Buchteln)

Dem Duft frischer Rohrnudeln kann keiner widerstehen.

▶ **Für 4 Personen**

braucht etwas mehr Zeit ⊙ **20 Min., Gehzeit: 55 Min., Backzeit: 30 Min.**

500 g Mehl · 30 g frische Hefe · 50 g Zucker · ¼ l lauwarme Milch · 1 Prise Salz · 150 g geschmolzene Halbfettbutter 2 kleine Eier · abgeriebene Schale einer unbehandelten Zitrone · Butter für die Form

- Das Mehl in eine Schüssel geben, in die Mitte eine Vertiefung drücken und die Hefe hineinbröckeln. 1 EL Zucker und etwas lauwarme Milch zugeben und mit wenig Mehl verrühren. (Das restliche Mehl bleibt unbearbeitet in der Schüssel.) Den Vorteig zugedeckt 20 Minuten an einem warmen Ort ruhen lassen.
- Den Vorteig mit der Restmenge Mehl, dem restlichen Zucker, der restlichen Milch, Salz, 3 EL der geschmolzenen Butter, den Eiern und der Zitronenschale gründlich verkneten, bis sich der Teig vom Schüsselrand löst. Zugedeckt nochmals 20 Minuten gehen lassen.
- Den Backofen auf 180 °C vorheizen.
- Eine Auflaufform mit etwas Butter einfetten. Aus dem Teig eigroße Klöße formen und dicht nebeneinander in die Form setzen. Nochmals 15 Minuten gehen lassen. Mit der restlichen Butter bestreichen und die Rohrnudeln im vorgeheizten Backofen ca. 30 Minuten backen, bis sie goldbraun sind.

Dazu empfehlen wir heiße Vanillesoße.

Nährwerte pro Portion:
698 kcal/ 21 g E/ 106 g KH/ 20,6 g F/ 26,6 % Fettkalorien

Schichtauflauf mit Quark und Äpfeln

Durch den untergehobenen Eischnee wird der Quark sehr schön locker.

▶ **Für 4 Personen**

gelingt leicht ⊙ **35 Min., Backzeit: 30 Min.**

500 g Magerquark · 50 g Sahne · 40 g Zucker · 1 Prise gemahlener Zimt · ½ TL abgeriebene unbehandelte Zitronenschale · 1 EL Sahnepuddingpulver · Backspray · 6 Zwiebacke 2 Äpfel · 2 TL Rosinen · 2 Eier (Größe S) · 1 Prise Salz

- Den Quark mit der Sahne, dem Zucker, dem Zimt und der Zitronenschale glatt verrühren. Das Puddingpulver darüberstreuen und unterrühren.
- Den Backofen auf 180 °C vorheizen.
- Eine Auflaufform mit dem Backspray leicht einsprühen und die Zwiebacke in die Form legen.
- Die Äpfel schälen, vierteln, das Kerngehäuse entfernen und in Spalten schneiden. Die Äpfel auf dem Zwieback verteilen und die Rosinen darüberstreuen.
- Die Eier trennen. Die Eigelbe unter den Quark rühren, die Eiweiße mit dem Salz steif schlagen und vorsichtig unter die Quarkmasse ziehen. Alles auf den Äpfeln in der Auflaufform verteilen und glatt streichen. Den Auflauf im heißen Backofen (Umluft 160 °C, Gas Stufe 2 – 3) ca. 30 Minuten backen.

Nährwerte pro Portion:
299 kcal/ 20,8 g E/ 37,6 g KH/ 6,6 g F/ 19,9 % Fettkalorien

DESSERTS UND SÜSSSPEISEN

Kaffee-Shake

Der Kaffee-Shake ist sowohl warm als auch eisgekühlt ein Genuss.

▶ **Für 1 Person**
geht schnell ⊘ **5 Min.**
250 ml Milch (1,5 % Fett) · 2 EL löslicher Pulverkaffee · 1 Spritzer Süßstoff

- Den löslichen Kaffee mit einer ¼ Tasse kochendem Wasser überbrühen und den Süßstoff zugeben.
- Etwas abkühlen lassen.
- Dann die Milch zugeben und mit dem Pürierstab aufschäumen.

Tipp

Für Naschkatzen: Probieren Sie den Shake einmal zu Cornflakes oder ungesüßten Maisflocken aus! Das lohnt sich!

Nährwerte pro Portion:
203 kcal/ 12,3 g E/ 27,5 g KH
4,1 g F/ 18,2 % Fettkalorien

Erdbeer-Buttermilch-Shake

Verwenden Sie gut gekühlte Buttermilch, das schmeckt am besten.

▶ **Für 1 Portion**
gelingt leicht ⊘ **10 Min.**
150 g Erdbeeren · 20 g Zucker
250 g Buttermilch

- Erdbeeren gründlich waschen, den Blütenansatz entfernen und bis auf eine Erdbeere alle Früchte grob zerschneiden.
- Alle Zutaten in ein hohes Gefäß geben. Die Buttermilch und den Zucker zugeben.
- Mit einem Pürierstab pürieren und kräftig aufschäumen.
- Die letzte Erdbeere an den Glasrand stecken.

Nährwerte pro Portion:
219 kcal/ 9,2 g E/ 38 g KH/ 1,9 g F
7,8 % Fettkalorien

Rosa Wolke Eis-Shake

Leicht säuerlich und sehr erfrischend!

▶ **Für 6 Gläser**
schön für Gäste ⊘ **10 Min.**
300 g frische oder TK-Himbeeren
1 Pck. Vanillinzucker · 1 EL Zitronensaft · 1 Packung Vanilleeis (500 ml)
500 g Dickmilch (1,5 % Fett) · 2 EL Kokosraspel · einige Melonenschnitze zum Garnieren

- Die Himbeeren, bis auf ein paar zur Dekoration, mit dem Vanillinzucker und dem Zitronensaft pürieren. Das Vanilleeis und die Dickmilch untermixen.
- Die Gläser mit dem Rand in Wasser tunken und anschließend in Kokosraspel tauchen.
- Den Eis-Shake in die vorbereiteten Gläser füllen, mit den restlichen Himbeeren und den Melonenschnitzen garnieren und sofort servieren.

Nährwerte pro Portion:
144 kcal/ 5,6 g E/ 19 g KH/ 4,4 g F
27,5 % Fettkalorien

FETTSPAR-TIPPS

Milchshake

Für einen Milchshake benötigt man 150 ml Milch (1,5 % Fett), Dickmilch, Joghurt oder Buttermilch, 100 g reifes Fruchtfleisch wie Aprikose, Pfirsich und Banane, alle Beerensorten außer Stachelbeeren, etwas Süßstoff, Zucker oder Puderzucker, Honig, Ahornsirup oder Apfeldicksaft (Reformhaus). Als Extra gibt 1 Schuss Frucht- oder Gemüsesaft mehr Vitamine und Aroma, 1 Esslöffel Weizenkeime oder Instant-Haferflocken liefert Ballaststoffe, 1 Esslöffel Nüsse, Mandeln oder Kokosraspel sorgt für mehr Mineralstoffe.

›› Schokomuffins

Die Muffins schmecken dank des Kakaopulvers richtig schön schokoladig, enthalten aber kaum Fett.

▶ **Für 12 Stück**

gelingt leicht ⏱ **ca. 15 Min., Backzeit: ca. 15 – 20 Min.**

300 g Mehl · 3 TL Backpulver · 150 g Zucker · 1 Pck. Vanillinzucker · 30 g Kakaopulver · 2 Eiweiß und 1 Ei · 125 ml Buttermilch · Puderzucker zum Bestäuben

- Den Backofen auf 190 °C vorheizen.
- In einer Schüssel Mehl, Backpulver, Zucker, Vanillinzucker und Kakao gut miteinander vermischen.
- Eiweiß, Ei und so viel Buttermilch hinzufügen, bis ein glatter, fester Teig entsteht.
- Die Muffinförmchen zu zwei Dritteln mit der Teigmasse füllen und die Schokoladenmuffins 15 bis 20 Minuten backen.
- Die Muffins aus dem Backofen nehmen, auf einem Rost abkühlen lassen und mit Puderzucker bestäuben.

Nährwerte pro Portion:
110 kcal/ 4,6 g E/ 19,4 g KH/ 1,44 g F/ 11,8 % Fettkalorien

Pfirsich-Joghurt-Torte

Dieses Rezept hat sich schon vielfach bewährt: Auf unsere Pfirsich-Joghurt-Torte gibt es bei jeder Feier einen regelrechten Run!

- Den Backofen auf 180 °C vorheizen.
- Den Boden einer Springform (ca. 26 cm Ø) mit Backpapier belegen. Den Springformrand mit dem Boden zusammensetzen, das überstehende Papier abreißen.
- Die Eier trennen. Das Eigelb mit 4 EL Wasser, dem Zucker und der Zitronenschale bzw. dem Citroback zu einer cremigen, weißen Masse rühren.
- Das Eiweiß steif schlagen und auf die Eigelbmasse geben. Das Mehl mit dem Backpulver mischen, darübersieben und vorsichtig mit dem Eischnee unter die Eigelbmasse heben.
- Den Teig in die vorbereitete Springform geben, glatt streichen und im Backofen auf mittlerer Schiene etwa 30 Minuten backen.
- Inzwischen die Pfirsichhälften in einem Sieb gut abtropfen lassen, dabei den Saft auffangen.
- Den Tortenboden aus dem Backofen nehmen und auskühlen lassen. Dann die Springform und das Backpapier entfernen und den Boden auf einem Rost vollständig erkalten lassen.
- Den Boden auf eine Tortenplatte legen und mit einem Tortenring oder dem gesäuberten Springformrand umschließen. Die Pfirsichhäften auf den Tortenboden legen.
- Die Gelatine in 100 ml Pfirsichsaft etwa 10 Minuten quellen lassen. Das Ganze unter Rühren vorsichtig erwärmen, bis sich die Gelatine vollständig aufgelöst hat. Nicht kochen!
- Den Joghurt mit dem Vanillezucker in einer Schüssel verrühren. 2 EL von dem Joghurt unter die etwas abgekühlte Gelatine mischen, dann die restliche Gelatine unter den Joghurt rühren. Das Ganze etwa 30 Minuten kalt stellen, bis die Masse anfängt zu gelieren.
- Die Sahne steif schlagen, unter die Joghurtmasse rühren und die Creme auf die Pfirsiche geben. Die Torte kalt stellen, und wenn die Creme nach etwa 1 Stunde fest ist, den Tortenring entfernen.

Nährwerte pro Stück:
256 kcal/ 6,3 g E/ 40,4 g KH/ 7,5 g F/ 26,4 % Fettkalorien

▶ **Für 12 Stücke**

schön für Gäste

⏱ **60 Min., Backzeit: ca. 30 Min., Kühlzeit: 1½ Std.**

4 frische Eier
200 g Zucker
1 TL abgeriebene Zitronenschale oder Citroback
200 g Mehl
1 TL Backpulver
1 Dose Pfirsichhälften (Abtropfgewicht 480 g)
6 Blatt weiße Gelatine
300 g Magerjoghurt
1 Pck. Vanillezucker
200 g Sahne

KUCHEN, GEBÄCK UND BROT

Biskuitteig für Obstkuchen (Grundrezept)

Für einen Obstkuchen in der Springform.

▶ **Für 1 Springform**
gelingt leicht ⊙ **10 Min.,**
Backzeit: 15 Min.
2 Eier · 75 g Zucker · 1 Pck. Vanillinzucker · 100 g Mehl · 1 geh. TL Backpulver

- Die Eier mit 1 Esslöffel Wasser, Zucker und Vanillinzucker auf höchster Stufe des elektrischen Handrührgeräts schaumig schlagen.
- Mehl mit Backpulver mischen und bei niedrigster Stufe untermengen.
- Den Backofen auf 200 °C vorheizen.
- Einen Springformboden mit Backpapier belegen, den Teig hineinfüllen und glatt streichen.
- Den Biskuit im Backofen auf der mittleren Schiene etwa 15 bis 20 Minuten backen.

Nährwerte insgesamt:
874 kcal/ 25,3 g E/ 158 g KH
14,4 g F/ 14,8 % Fettkalorien

Mürbeteig (Grundrezept)

Die angegebenen Mengen reichen für eine Springform.

▶ **Für 1 Springform**
geht schnell ⊙ **5 Min.**
100 g Zucker · 1 Pck. Vanillinzucker · 75 g Halbfettbutter · 1 Ei · 150 g Mehl · 1 TL Backpulver · 1 Prise Salz

- Alle Zutaten möglichst schnell in einer Schüssel mit den Knethaken des Handrührgerätes zu einem glatten Teig verkneten.
- Der Teig kann sofort weiterverarbeitet werden und muss nicht kühl ruhen.
- Mit Obst nach Wahl belegen, eventuell mit Puddingguss und backen.

Nährwerte insgesamt:
1330 kcal/ 25,5 g E/ 219 g KH
38,1 g F/ 25,8 % Fettkalorien

Strudelteig (Grundrezept)

Den Strudel kann man süß oder herzhaft füllen.

▶ **Für 1 großen Strudel**
preisgünstig ⊙ **15 Min.,**
Ruhezeit: 30 Min.
250 g Mehl · 100 ml Wasser · 1 Ei · 1 Prise Salz · 1 EL Rapsöl

- Alle Zutaten erst mit der Küchenmaschine durchkneten und dann von Hand so lange kneten, bis Sie eine feste, elastische Kugel in der Hand halten.
- In einem Topf etwas Wasser zum Kochen bringen, das Wasser abgießen und auf den Boden des Topfes ein Stück Backpapier legen. Die Teigkugel hineinlegen und zugedeckt 30 Minuten ruhen lassen.
- Dann die Kugel zügig auf einer glatten Kunststoffplatte ausrollen und auseinanderziehen. Je weniger Mehl Sie zum Ausrollen benötigen, so elastischer bleibt der Teig und umso dünner können Sie ihn verarbeiten.
- Den fertigen Teig zum Füllen auf ein Küchentuch legen, mit der Füllung belegen und mithilfe des Tuches zusammenrollen.

Nährwerte insgesamt:
1040 kcal/ 32,2 g E/ 178 g KH
21,1 g F/ 18,3 % Fettkalorien

Fruchtige Crossies

Für alle Naschkatzen kommt jetzt diese süß-klebrige Leckerei.

▶ **Zutaten für ca. 30 Stück**

gelingt leicht ⏱ **45 Min. (ohne Wartezeit)**

50 g kernige Haferflocken · 50 g Mandelblättchen · 100 g getrocknete Aprikosen · 200 g Zucker · 6 EL Orangensaft 30 Pralinen-Manschetten

- Haferflocken und Mandeln nacheinander in einer Pfanne ohne Fett goldbraun rösten, herausnehmen.
- Aprikosen fein würfeln. Mit Haferflocken und Mandeln mischen.
- Ein großes Stück Alufolie dünn mit Öl bestreichen. Zucker in einer Pfanne schmelzen und goldbraun karamellisieren lassen. Mit Orangensaft ablöschen und erhitzen, bis sich der gesamte Karamell gelöst hat. Aprikosenmischung zufügen und schnell verrühren.
- Masse vom Herd nehmen und sofort mit 2 Teelöffeln ca. 30 kleine Häufchen auf die geölte Alufolie setzen. Abkühlen lassen und in Pralinen-Manschetten setzen.

Nährwerte pro Stück:

51,9 kcal/ 0,7 g E/ 9,6 g KH/ 1 g F/ 17,3 % Fettkalorien

Lebkuchenwürfel

Diese süße Knabberei schmeckt nicht nur zur Weihnachtszeit gut.

▶ **Für 40 Stück**

schön für Gäste ⏱ **50 Min., Backzeit: 20 Min.**

250 g Honig · 100 g Margarine · 2 Eier · 125 g Zucker · 375 g Mehl · 1 Pck. Backpulver · 1 unbehandelte Zitrone · 150 g Sultaninen · 150 g getrocknete Feigen · 80 g gehackte Mandeln · 1 EL Kakao · 1 EL Lebkuchengewürz · 150 g Aprikosenkonfitüre · 200 g Puderzucker · 4 EL Milch (1,5 %) · 50 g bunte Zuckerperlen

- Honig und Margarine erhitzen, verrühren und abkühlen lassen.
- Eier mit dem Zucker schaumig schlagen, Margarine-Honig-Mischung unterrühren.
- Mehl, Backpulver, abgeriebene Zitronenschale, Sultaninen, getr. Feigen, Mandeln, Kakao und das Lebkuchengewürz hinzufügen und alles gut verrühren.
- Fettpfanne des Backofens mit Backpapier auslegen, Rand mit auslegen, Teig auf die Fettpfanne geben und gleichmäßig verteilen.
- Im vorgeheizten Backofen ca. 20 Minuten backen. Auf ein Gitter stürzen und abkühlen lassen. Backpapier abziehen.
- Aprikosenkonfitüre erwärmen, durch ein Sieb streichen, auf den Kuchen geben und verstreichen.
- Puderzucker sieben und mit der Milch verrühren. Kuchen damit bestreichen, mit den Zuckerperlen bestreuen und fest werden lassen. In ca. 40 kleine Quadrate schneiden.

Nährwerte pro Stück:

158 kcal/ 2,2 g E/ 28,3 g KH/ 3,7 g F/ 21,1 % Fettkalorien

Pflaumenhörnchen

Die Hörnchen schmecken auch mit einer Kirschfüllung köstlich.

▶ **Für 12 Stück**
schön für Gäste ⊙ 25 Min.,
Backzeit: 25 Min.

Füllung:
100 g Pflaumen
100 g Pflaumenmus
 50 g gemahlene Haselnusskerne
 ½ Pck. Jamaica-Rum-Aroma

Quark-Öl-Teig:
300 g Mehl
 1 Pck. Backpulver
150 g Magerquark
 80 g Zucker
 1 Pck. Vanillinzucker
 50 g gemahlene Haselnusskerne
 ½ Pck. Jamaica-Rum-Aroma
 2 EL Öl
 4 EL Wasser
 6 EL Milch, 1,5 % F
 1 Prise Salz
 30 g Puderzucker

- Die Pflaumen waschen, trocken reiben, entsteinen und klein würfeln. Die übrigen Zutaten für die Füllung verrühren, die Pflaumenwürfel unterheben.
- Das Mehl mit dem Backpulver mischen und in eine Rührschüssel sieben. Übrige Zutaten hinzufügen und alles mit einem Handrührgerät (Knethaken) kurz auf niedrigster, dann auf höchster Stufe zu einem glatten Teig verarbeiten. (Nicht zu lange kneten, der Teig klebt sonst!)
- Den Backofen auf 180 °C Ober- und Unterhitze oder Heißluft auf 160 °C vorheizen.
- Den Teig auf einer leicht bemehlten Arbeitsfläche zu einer runden Platte (Ø etwa 50 cm) ausrollen. Die Teigplatte vierteln und jedes Viertel in 3 »Tortenstücke« schneiden. Auf das breite Ende jedes Stücks 1 – 2 Teelöffel Füllung geben und die Stücke zur Spitze hin zu Hörnchen aufrollen (die spitzen Enden dabei fest zudrücken). Hörnchen auf das mit Backpapier ausgelegte Backblech legen und 25 Minuten goldgelb backen.
- Das Gebäck mit dem Backpapier vom Backblech ziehen und auf einem Kuchenrost erkalten lassen, großzügig mit Puderzucker bestäuben und möglichst frisch servieren.

Wenn Sie nur 1 Backblech haben, können Sie die übrigen Hörnchen auch auf dem zugeschnittenen Backpapier vorbereiten. Ziehen Sie dann einfach das Backpapier auf das Blech.

Nährwerte pro Portion:
228 kcal/ 5,5 g E/ 34,3 g KH/ 7,5 g F/ 29,6 % Fettkalorien

Fettarm backen

Backen nach LowFett 30 ist tatsächlich viel einfacher als man denkt. Aufpassen müssen Sie nur auf die Zutaten Eigelb, Butter, Nüsse und Schokolade. Mehl, Zucker und Eiweiß dagegen sind völlig unproblematisch.

Beim Backen tauschen wir generell Fette wie Butter, Margarine oder Öl gegen Joghurt, Buttermilch und Quark aus. Das funktioniert übrigens auch bei den meisten Backmischungen.

Backformen

Verwenden Sie nach Möglichkeit hochwertige Backformen, die sie nur ganz dünn mit Fett einschmieren müssen. Besser ist die Verwendung von Backspray: Hiermit kann man ganz dünn auch komplizierte Formen so einfetten, dass nichts haften bleibt. Bei Spring-

formen reicht es aus, den Boden mit der LowFett 30-Dauer-Brat- und Backfolie zu belegen und einzuspannen. Ein zusätzliches Bestreichen der Seitenwand ist dann nicht erforderlich. Wenn Sie eine Kastenform verwenden, dann ist auch hier das Backspray die beste Möglichkeit. Oder Sie schneiden sich die Backfolie für Ihre Backform passend zurecht. Backbleche für Zwetschgendatschi und Konsorten belegen Sie ebenfalls am besten großzügig mit Backpapier.

Muffins

Für Muffins sollten Sie sich ein Muffins-Backblech mit 18 Löchern oder eben entsprechend kleinere einzelne Bleche holen und die Vertiefungen nicht fetten, sondern hier ein Muffins-Papier einlegen. Das sieht nicht nur nett aus, es hält den Teig länger frisch und man braucht kein Fett. Muffins sind zu Recht sehr beliebt: Sie sind leicht zuzubereiten, der Kuchen wird gut portioniert und man kann sie leicht überallhin mitnehmen. Wenn Sie mal keine Lust und keine Zeit haben, Muffins nach Rezept zu backen, können Sie die Törtchen auch aus Backmischungen herstellen. Ersetzen Sie einfach das Fett durch die 1,2-fache Menge Joghurt und einen Löffel Gries ... besonders saftig und fruchtig werden diese Muffins, wenn Sie in jedes Förmchen noch 5 Blaubeeren, 3 Kirschen, drei Würfelchen Apfel oder ein Stückchen rosa Grapefruit stippen. Sie können auch einen Teil des Joghurts durch eine entsprechende Menge Obstsaft ersetzen.

Pfannkuchen

Wie groß oder wie dick Apfelpfannkuchen sein sollen, ist schon fast eine Glaubensfrage. Die einen lieben die dicken knusprigen »Teller«, andere bevorzugen hauchdünne Crêpes. Sicher ist: Mit der dicken Version ist der Teig schneller verbraucht – sie sind also schneller gebacken und sie nehmen prozentual beim Backen auch weniger Fett auf.

Statt Sahne

100 g Magerquark mit 4 EL Wasser und
2 EL Zucker verrühren. Am Schluss ein
steif geschlagenes Eiweiß unterheben
und anstelle der Sahne servieren. Alternativ funktioniert auch fettarmes Soft-
eis – das schmeckt besonders gut zu
Blechkuchen.

LowFett 30-Backzutaten

Das sollten Sie immer im Haus haben,
um Kuchen oder Desserts LowFett 30
zubereiten zu können:

- 1,5%ige Milch
- Mehl (verschiedene Sorten … für
  Biskuit bevorzugen wir z. B. Buch-
  weizenmehl)
- Dosenpfirsiche und Dosenananas
- Schattenmorellen im Glas (entsteint)
- TK-Himbeeren
- Zitronen bzw. Zitronensaft
- Eier
- 0,1%igen Joghurt oder 0,2%igen
  Quark … am besten beides
- Haferflocken
- Zucker (oder Alternativen dazu)
- diverse Aromen z. B. von Dr. Oetker
- Puddingpulver, Vanille und Schoko-
  lade, zum Kochen
- Gelatine
- Tortenguss, rot oder weiß
- Joghurt- statt Sahnetorte
- Gern gesehener Gast auf sämtlichen
  Geburtstagen sind unsere LowFett
  30-Joghurttorten, die aussehen wie
  perfekte Sahnetorten.
- Mit Gelatine, Joghurt und Magerquark
  (1 : 1) und Obst zaubern Sie auf ein-
  fachen Biskuitböden köstliche, er-
  frischende Torten, die das Herz jedes
  Tortenliebhabers höher schlagen
  lassen.

KUCHEN, GEBÄCK UND BROT

Vollkornbrot

Idealerweise sollte das Mehl erst kurz vor dem Gebrauch frisch vermahlen worden sein.

▶ **Für eine kleine Kastenform**

gelingt leicht ⏱ **10 Min., Gehzeit: 45 Min., Backzeit: 60 Min.**

1 TL Rapsöl · 2 EL feine Haferflocken · 250 g Roggenvollkornmehl · 250 g Weizenvollkornmehl · 1 Pck. Trockenhefe · 2 TL Sauerteigextrakt · 2 TL Salz · 1 TL Zucker · Kräuter oder Kümmel · 250 ml handwarmes Wasser

- Die Kastenform gut mit Rapsöl einfetten und mit den Haferflocken ausstreuen.
- In einer großen Schüssel alle Zutaten mit einem Kochlöffel gut vermengen.
- Den Teig schnell in die Form gießen und mithilfe eines Esslöffels und etwas Wasser glatt streichen.
- Die gefüllte Brotform in den Backofen geben und bei 50 °C gehen lassen, bis der Teig den oberen Rand der Form erreicht hat. Dann den Ofen auf 180 °C Umlufthitze einstellen und 45 Minuten lang backen. Den Ofen ausschalten, das Brot aus der Form stürzen und weitere 15 Minuten auf der Nachhitze rundherum knusprig werden lassen.

Tipp

Schmeckt auch mit getrockneten Tomaten, dafür 50 g getrocknete Tomaten mit kochendem Wasser übergießen, quellen lassen und nach 1 Stunde in feine Würfel schneiden und mit in den Brotteig geben. Zum Grillen oder als Vorspeise mit einem Aufstrich ein Genuss.

Nährwerte pro Brot:
1760 kcal / 56,1 g E / 336 g KH / 18,6 g F / 9,5 % Fettkalorien

Kernige Brötchen mit Rosinen

Rosinen, Mandeln und Haselnüsse sind die besonderen Zutaten in diesen Brötchen.

▶ **für 25 Stück**

braucht etwas Zeit ⏱ **Zubereitung 55 Min., Backzeit: 20 Min.**

30 g frische Hefe · 1 TL Salz · 450 g Weizenmehl Type 550 70 g ungeschwefelte Sultaninen · 70 g Rosinen · 1 TL gemahlene Vanilleschote · 100 g gehobelte Haselnüsse 35 g gehobelte Mandeln

- 700 ml kaltes Wasser in eine große Rührschüssel geben. Die Hefe hineinbröckeln, das Salz dazugeben und beides unter langsamem Rühren mit dem Handmixer auflösen.
- Das Weizenmehl, die Sultaninen und die Rosinen dazugeben und den Teig 5 Minuten kneten. Die gemahlene Vanilleschote mit den gehobelten Haselnüssen und Mandeln zu dem Teig geben und diesen weitere 8 Minuten kneten.
- Den Teig in 25 gleich große Stücke teilen und diese zu länglichen, an den Enden runden Brötchen formen.
- Zwei Backbleche mit Backpapier auslegen und die Brötchen darauf 20 Minuten zugedeckt ruhen lassen.
- Den Backofen auf 250 °C (Umluft 230 °C, Gas Stufe 6) vorheizen.
- Auf den Boden des Backofens einen Topf mit kochend heißem Wasser stellen. Die Brötchen im heißen Backofen 20 Minuten backen, bis sie schön gebräunt sind. Die Brötchen auf dem Kuchengitter auskühlen lassen.

Nährwerte pro Stück:
112 kcal / 2,9 g E / 17 g KH / 3,5 g F / 28,1 % Fettkalorien

Pikantes Kartoffelbrot

Ein saftiges, sehr würziges Brot, das zu vielen herzhaften Brotbelägen passt.

- Die Kartoffeln waschen, dünn schälen, abspülen, fein reiben und auf einem Sieb abtropfen lassen. Dann in eine Rührschüssel geben und mit den Eiern und dem Salz verrühren.
- Die Milch erwärmen. Das Mehl in eine Schüssel sieben und mit der Trocken- backhefe sorgfältig vermischen. Das Mehl-Hefe-Gemisch in 2 Portionen ab- wechselnd mit der warmen Milch mit einem Handrührgerät bestückt mit Knet- haken unter die Kartoffel-Eier-Masse rühren, bis eine glatte Masse entsteht. Den Teig dann noch etwa 5 Minuten mit dem Handrührgerät auf höchster Stufe kne- ten und zugedeckt an einem warmen Ort so lange gehen lassen, bis er sich sicht- bar vergrößert hat (etwa 60 Minuten).
- Die Kastenform (ca. 30 × 11 cm) mit Backpapier auskleiden. Die Zwiebel abzie- hen, waschen und fein würfeln. Die Speckwürfel in einer beschichteten Pfanne auslassen, die Zwiebelwürfel zufügen und mitdünsten, dann die Kräuter unter- rühren. Die Speck-Zwiebel-Mischung unter den Teig kneten. Den Teig in die Kas- tenform füllen und zugedeckt an einem warmen Ort nochmals etwa 30 Minuten gehen lassen.
- Den Backofen auf 180 °C (Heißluft: etwa 160 °C) vorheizen. Die Kastenform auf dem Rost in das untere Drittel in den Backofen schieben und etwa 60 Minuten backen.
- Das Kartoffelbrot aus der Form lösen und auf einem Kuchenrost erkalten lassen.

Nährwerte pro Scheibe:
100 kcal/ 4 g E/ 18,2 g KH/ 1 g F/ 9 % Fettkalorien

▶ **Für die Kastenform (30 × 11 cm),**
ca. 24 Scheiben
braucht etwas Zeit
⊙ **40 Min., Gehzeit: 90 Min.,**
Backzeit: 60 Min.

- 750 g mehlig kochende Kartoffeln
- 2 Eier (Größe M)
- 1 TL Salz
- 100 ml Milch (1,5 % Fett)
- 450 g Weizenmehl
- 1 Pck. Trockenbackhefe
- 1 Zwiebel
- 75 g gewürfelter, magerer Schinken
- 4 EL gehackte Kräuter
  (z. B. Schnittlauch, Petersilie)

KUCHEN, GEBÄCK UND BROT

127

Brötchen in Sonnenform

Die »Sonne« sollte erst am Tisch – nach gebührlicher
Bewunderung – in die Brötchen zerteilt werden.

- Kartoffeln waschen und mit Schale 25 Minuten kochen, abschrecken, pellen und noch heiß gut mit der Gabel zerdrücken oder reiben.
- Mehl in die Schüssel geben, in die Mitte eine große Mulde drücken, in diese Mulde Hefe einbröckeln, den TL Zucker draufstreuen und etwas lauwarmes Wasser darübergießen. Den Vorteig bei 50 °C im Backofen für 15 Minuten gehen lassen.
- Die Schüssel herausnehmen und Salz, zerdrückte Kartoffeln und lauwarmes Wasser beifügen. Alles zusammen kräftig mit dem Knethaken des Handrührgerätes durchkneten, Kugeln formen (evtl. mit feuchten Händen – der Teig klebt sonst etwas …) und auf 1 – 2 mit Backpapier ausgelegte Backbleche im Abstand von ca. 2 cm in Sonnenform setzen.
- Nochmals alles für 20 – 30 Minuten bei 50 °C gehen lassen. Nun alles mit Eigelb bestreichen und nach Wunsch mit Mohn und Sesam bestreuen. Danach 20 – 30 Minuten (nicht zu dunkel werden lassen) bei 225 – 250 °C abbacken.

Reste kann man gut einfrieren und bei Bedarf wieder aufbacken.

Nährwerte für 1 kleines Brötchen:
191 kcal / 6 g E / 38,2 g KH / 1,2 g F / 5,7 % Fettkalorien

▶ Für 2 »Sonnen« mit je 10 kleinen Brötchen oder 1 »Sonne« mit 12 großen Brötchen
schön für Gäste   ⊙ 35 Min.,
Gehzeit: 45 Min.,
Backzeit: 30 Min.

400 g Pellkartoffeln
1 kg Mehl
1 Würfel Hefe
1 TL Zucker
½ l lauwarmes Wasser
2 TL Salz
2 Eigelb
Mohn und Sesam

KUCHEN, GEBÄCK UND BROT

» Englische Mürbeteigbrötchen – Scones

Die Scones mit fettreduziertem Frischkäse oder abgetropftem Joghurt und Erdbeermarmelade bestreichen.

▶ **Für 8 Stück**

geht schnell   ⊙ **10 Min., Backzeit: 12 Min.**
225 g Mehl · 1 Prise Salz · 1 EL Backpulver · 75 g Halbfettmargarine · 2 EL Zucker · 100 ml Milch (1,5 % Fett) · etwas Mehl zum Ausrollen

- Den Backofen auf 220 °C vorheizen.
- Das Mehl, das Salz und das Backpulver mischen und mit dem Fett zu einem krümeligen Teig verarbeiten. Den Zucker und nach und nach so viel Milch unterkneten, bis der Teig glatt ist.
- Den Teig auf etwas Mehl zwei Zentimeter dick ausrollen und mit einem Wasserglas ca. 5 cm große Kreise ausstechen.
- Die Teigkreise auf ein mit Backpapier ausgelegtes Backblech setzen und 12 – 15 Minuten backen.

Nährwerte pro Portion:
148 kcal/ 3,4 g E/ 24 g KH/ 4 g F/ 24,3 % Fettkalorien

» Milchstuten

Die Scheiben schmecken sowohl ohne Belag also auch mit fettreduziertem Frischkäse und eventuell Marmelade sehr lecker.

▶ **Für 16 Stück**

gelingt leicht   ⊙ **50 Min.**
300 g Mehl · 100 g Zucker · 1 TL Backpulver · ½ TL Natron
1 TL Vanillezucker · 200 ml Milch (1,5 % Fett)

- Den Backofen auf 200 Grad vorheizen.
- Teigzutaten in einer Schüssel vermengen, dabei nur so viel Milch unterrühren, bis der Teig leicht feucht ist.
- Den Teig in eine mit Backpapier ausgelegte Kastenform geben, glatt streichen und ca. 45 Minuten backen. Vor dem Stürzen auskühlen lassen.

Nährwerte pro Portion:
95 kcal/ 2,3 g E/ 21 g KH/ 0,2 g F/ 1,9 % Fettkalorien

Quarkbrötchen

Durch den Quark werden die Brötchen locker und saftig.

▶ **Für 6 Stück**

gelingt leicht   ⊙ **10 Min., Backzeit: 20 Min.**

250 g Magerquark · 250 g Mehl · 1 Ei · 1 Pck. Vanillezucker 1½ TL Backpulver · 1 Prise Salz · 1 EL Milch (1,5 % Fett)

- Den Backofen auf 200 °C vorheizen.
- Alle Zutaten bis auf den Esslöffel Milch zu einem glatten Teig verkneten. Den Teig zu einem Strang formen und in sechs gleiche Stücke teilen. Jedes Stück zwischen den Handflächen zu einer Kugel formen.
- Die Teigkugeln auf ein mit Backpapier ausgelegtes Backblech setzen, etwas flach drücken, mit der Milch bestreichen und ca. 20 Minuten backen.

Tipp

50 g Sultaninen oder getrocknete Cranberries unter den Teig kneten.

Nährwerte pro Stück:

196 kcal/ 11 g E/ 33,5 g KH/ 1,6 g F/ 7,4 % Fettkalorien

FETTSPAR-TIPPS

Getreide

Alle Getreidesorten sind LowFett 30. Alle. Aaaber … oft verwechseln wir (Getreide-)Körner mit (Ölsaat-)Kernen. Körnerlieferanten sind Getreidesorten wie Roggen, Weizen, Hafer, Gerste, aber auch Amaranth, Quinoa und Buchweizen. Die größte Auswahl an Getreidesorten bieten in der Regel Bioläden. Je frischer die Mehle gemahlen sind und je weniger man sie behandelt, umso besser bleiben die Vitamine erhalten. Ziehen Sie Vollwertbrot auf jeden Fall Brot aus Auszugsmehlen vor. Auch Kuchen kann man gut mit Vollwertmehlen backen. Die Ballaststoffe sind in den Vollwertmehlen in vollem Umfang enthalten, bei Backwaren aus Auszugsmehlen fehlen sie. Der Unterschied für Sie beim Essen liegt darin, dass Vollwertbrote eben wesentlich länger satt machen als Weißbrot oder Brötchen. Und nicht jedes dunkle Brot ist automatisch »Vollwertbrot«. Vollwertbrote erkennen Sie auch daran, dass sie einfach kompakter sind als Brote aus ballaststoffarmen Mehlen. Hafer hat zudem die positive Eigenschaft, den Cholesterinspiegel zu senken. Ein Hafermüsli hat den gleichen Effekt … aber achten Sie darauf, dass kein Zucker zugegeben wurde (unter »Kohlenhydrate« in den Nährwertangaben nachsehen, ob hier steht: Kohlenhydrate gesamt = x Gramm/davon Zucker = y Gramm).

Schokoladenbrot

Ideal für das Sonntagsfrühstück oder für Gäste.

▶ **Für 16 Stücke**
schön für Gäste
🕐 **Zubereitungszeit und Gehzeit:**
2 Std., Backzeit: 40 Min.

350 g	Mehl
1½ EL	Kakaopulver
1	Prise Salz
2 EL	Zucker
30 g	frische Hefe oder
1	Packung Trockenhefe
250 ml	lauwarmes Wasser
25 g	weiche Butter
75 g	Vollmilchschokolade, grob geraspelt
1 TL	Öl zum Einfetten
1 EL	Milch, 1,5 % Fett, zum Bestreichen

- Mehl und Kakaopulver in eine große Schüssel sieben. Zucker und Salz unterrühren. Hefe mit 60 ml des Wassers cremig rühren, dann das restliche Wasser zufügen.
- In die Mehlmischung eine Vertiefung drücken, die flüssige Hefe hineingießen und mit der Butter zu einem Teig kneten.
- Den Teig auf eine leicht bemehlte Arbeitsfläche geben und so lange kneten, bis er glatt und geschmeidig ist. Die Teigkugel in eine eingefettete Schüssel legen, mit eingeölter Klarsichtfolie abdecken und an einem warmen Ort für etwa eine Stunde, bis sich das Teigvolumen verdoppelt hat, gehen lassen.
- Den Teig auf eine leicht bemehlte Arbeitsfläche geben, flachdrücken und die Schokolade einkneten. Wieder mit eingeölter Klarsichtfolie abdecken und 5 Minuten ruhen lassen. Den Teig zu einer Kugel formen und in eine tiefe runde oder ovale, leicht gefettete Backform geben. Noch mal mit der geölten Klarsichtfolie abdecken und an einem warmen Ort für etwa 45 Minuten, bis der Teig die doppelte Größe erreicht hat, gehen lassen.
- Backofen auf 220 °C vorheizen. Schokoladenbrot 10 Minuten backen, dann die Temperatur auf 190 °C reduzieren und weitere 25–30 Minuten backen. Das heiße Brot mit der Milch bestreichen und auf einem Kuchengitter abkühlen lassen. In Scheiben geschnitten servieren.

Nährwerte pro Stück:
122 kcal / 3 g E / 19,3 KH / 3,6 g F / 26,6 % Fettkalorien

Lebensmittellisten

Auf den ersten Blick wirken solche Lebensmitteltabellen eher langweilig – aber bei Nähe betrachtet sind sie spannend wie ein Krimi. Hätten Sie gedacht, dass magere Geflügelwurst nicht LowFett 30 ist, wogegen Sie beim gekochten Schinken bedenkenlos zugreifen können? Die Lektüre der nächsten Seiten birgt jede Menge Überraschungen!

Produkt	Portion	Gewicht	Gramm	kcal	Fett (g)	KH (g)	Fett%
Fleisch							
Hammel- und Lammfleisch							
Hammel/Lamm, Filet			100	112	3,4	0,0	27,3
Hammel/Lamm, Kotelett			100	348	32	0,0	82,8
Kalbfleisch							
Kalb, Filet			100	95	1,4	0,0	13,3
Kalb, Schnitzel			100	99	1,8	0,0	16,4
Rindfleisch							
Rind, Filet			100	121	4	0,0	29,8
Rind, Hackfleisch			100	261	9	0,0	31,0
Rind, Leber			100	121	2,1	5,3	15,6
Rind, Lende (Roastbeef)			100	130	4,5	0,0	31,2
Rind, Muskelfleisch (ohne Fett)			100	102	1,9	0,1	16,8
Rind, Tafelspitz			125	230	15	0,0	58,7
Schweinefleisch							
Schwein, Kotelett			100	150	7,6	0,0	45,6
Schwein, Filet			100	104	2	0,0	17,3
Schwein, Mett			100	318	27,5	0,0	77,8
Schwein, Muskelfleisch (ohne Fett)			100	105	1,9	0,0	16,3
Schwein, Schnitzel (Oberschale)			100	106	1,9	0,0	16,1

Produkt	Portion	Gewicht	Gramm	kcal	Fett (g)	KH (g)	Fett%
Wildfleisch							
Hase			100	113	3	0,0	23,9
Hasenrückenfilet			100	101	1	1,0	8,9
Hirsch			100	112	3,3	0,0	26,5
Kaninchen			125	190	10	1,0	47,4
Reh, Keule (Schlegel)			100	97	1,3	0,0	12,1
Reh, Rücken			100	122	3,6	0,0	26,6
Geflügel							
Ente			100	227	17,2	0,0	68,2
Gans, komplett			100	342	31	0,0	81,6
Huhn, Brathuhn			100	166	9,6	0,0	52,0
Huhn, Brustfilet mit Haut			100	145	6,2	0,0	38,5
Huhn, Keule mit Haut			100	174	11,2	0,0	57,9
Truthahn, Brust ohne Haut			100	105	1	0,0	8,6
Truthahn, Keule ohne Haut			100	114	3,6	0,0	28,4
Fleisch- und Wurstwaren							
Bierschinken			100	169	11,4	0,0	60,7
Bockwurst			100	277	25,3	0,0	82,2
Fleischwurst			100	296	28,5	0,0	86,7
Geflügelwurst, mager			100	108	4,8	0,0	40,0
Lachsschinken			100	133,3	1	0,0	6,8
Leberwurst			100	326	29,2	0,0	80,6
Mettwurst (Braunschweiger)			100	390	37,2	0,0	85,8
Mortadella			100	345	32,8	0,0	85,6
Rauchfleisch			100	255	9	0,0	31,8
Salami			100	371	33	0,0	80,1
Schinken ohne Fettrand			100	145	2,9	0,0	18,0
Schinken, gesalzen und gekocht			100	193	12,8	0,0	59,7
Schinken, gesalzen, geräuchert			100	383	35	0,0	82,2

Produkt	Portion	Gewicht	Gramm	kcal	Fett (g)	KH (g)	Fett%
Brühe							
Rindsbouillon Instant	2 g/100 ml		100	6	0,1	0,3	**15,0**
Klare Hühnerbouillon Instant	3,25 g/ 100 ml		100	11	0,5	1,2	**40,9**
Gemüsebrühe, Instant, klar	1,75 g/ 100 ml		100	4	0,1	0,2	**22,5**
Fisch							
Meeresfische							
Dorsch			100	76	0,6	0,0	**7,1**
Heilbutt (Weißer Heilbutt)			100	96	1,7	0,0	**15,9**
Hering, Filet			100	207	15	0,0	**65,2**
Kabeljau			100	76	0,6	0,0	**7,1**
Makrele			100	180	11,6	0,0	**58,0**
Rotbarsch (Goldbarsch)			100	105	3,6	0,0	**30,9**
Sardine			100	118	4,5	0,0	**34,3**
Schellfisch			100	77	0,6	0,0	**7,0**
Scholle			100	86	1,9	0,0	**19,9**
Seelachs/Hoki			100	81	0,9	0,0	**10,0**
Seezunge			100	83	1,4	0,0	**15,2**
Steinbutt			100	82	1,7	0,0	**18,7**
Thunfisch			100	226	15,5	0,0	**61,7**
Süßwasserfische							
Aal, Flussaal			100	281	24,5	0,0	**78,5**
Barsch, Flussbarsch			100	81	0,8	0,0	**8,9**
Forelle (Bachforelle)			100	102	2,7	0,0	**23,8**
Forelle, geräuchert			100	120	4	0,0	**30,0**
Karpfen			100	115	4,8	0,0	**37,6**
Lachs (Salm)			100	202	13,6	0,0	**60,6**
Lachsfilet			100	163	12	0,0	**66,3**
Zander			100	83	0,7	0,0	**7,6**

Produkt	Portion	Gewicht	Gramm	kcal	Fett (g)	KH (g)	Fett%
sonstige Meerestiere							
Garnelen			100	87	1,4	0,0	**14,5**
Riesengarnelen Nr. 510			100	60	0	0,0	**0,0**
Krabben			100	87	1,4	0,0	**14,5**
Krebs (Flusskrebs)			100	65	0,5	0,0	**6,9**
Languste			100	84	1,1	1,3	**11,8**
Tintenfisch			100	73	0,9	0,0	**11,1**
Fischdauerwaren							
Krebsfleisch in Dosen			100	87	1,7	0,0	**17,6**
Lachs, geräuchert			100	289	19,4	0,0	**60,4**
Matjeshering			100	267	22,6	0,0	**76,2**
Sardellen (Anchovis),	1 Stück	5 g	100	100	0	0,0	**0,0**
Seelachs, geräuchert			100	98	0,8	0,0	**7,3**
Thunfisch in Wasser			100	113	0,5	0,0	**4,0**
Thunfisch in Öl (ganzer Inhalt)			100	283	20,9	0,0	**66,5**
Gemüse							
Gemüse, -produkte							
Aubergine, roh			100	17	0,2	2,5	**10,6**
Brokkoli, roh			100	26	0,2	2,5	**6,9**
Erbsen gekocht, abgetropft			100	68	0,5	10,4	**6,6**
Grünkohl, roh			100	37	0,9	2,5	**21,9**
Gurken, roh			100	12	0,2	1,8	**15,0**
Karotten, roh			100	27	0,2	4,8	**6,7**
Kartoffel, roh	hühnerei-groß	50 – 60 g	100	70	0,1	14,8	**1,3**
Kartoffelkroketten, frittiert			150	270	11	34,0	**36,7**
Kürbis, roh			100	26	0,1	5,0	**3,5**
Möhren, roh			100	27	0,2	4,8	**6,7**
Oliven, schwarz, griech. Art			20	70	7	1,0	**90,0**

Produkt	Portion	Gewicht	Gramm	kcal	Fett (g)	KH (g)	Fett%
Radieschen, roh	1 Bund	80 g	100	14	0,1	2,0	6,4
Rharbarber, roh			100	13	0,1	1,4	6,9
Spargel, roh			100	18	0,1	2,2	5,0
Spinat, roh			100	15	0,3	0,6	18,0
Tomaten, roh	1 Stück	50 g	100	17	0,2	2,6	10,6
Zucchini, roh			100	19	0,4	2,2	18,9%
Zwiebel	1 Stück	50 g	100	28	0,3	4,9	9,6
Hülsenfrüchte							
Bohnen, weiß, roh			100	238	1,6	34,7	6,1
Erbsen, roh			100	269	1,4	41,2	4,7
Kichererbsen, roh			100	306	5,9	44,3	17,4
Kichererbsen, Sprossen, frische			100	144	0,7	25,5	4,4
Kidneybohnen			100	308	3,3	50,0	9,6
Linsen, roh			100	270	1,5	40,6	5,0
Tofu			100	85	4,8	1,9	50,8
Pilze							
Austernpilz			100	11	0,1	0,0	8,2
Champignon, frisch			100	21	0,2	0,6	8,6
Pfifferling, frisch			100	15	0,5	0,2	30,0
Obst							
Ananas, roh			100	55	0,2	12,4	3,3
Apfel, ungeschält, roh	1 Stück	125 – 150 g	100	54	0,6	11,4	10,0
Aprikosen, roh	1 Stück	50 g	100	45	0,1	8,5	2,0
Avocado, roh	1 Stück	200 g	100	221	23,5	0,4	95,7
Banane, roh	1 Stück	100 – 150 g	100	94	0,2	21,4	1,9
Birne, roh	1 Stück	125 – 150 g	100	55	0,3	12,7	4,9
Dattel, getrocknet	1 Stück	10 – 15 g	100	277	0,5	65,2	1,6
Erdbeere, roh			100	32	0,4	5,5	11,3
Heidelbeeren, roh			100	37	0,6	6,1	14,6

Produkt	Portion	Gewicht	Gramm	kcal	Fett (g)	KH (g)	Fett%
Himbeeren, roh			100	33	0,3	4,8	8,2
Honigmelone, roh – Fruchtfleisch			100	54	0,1	12,4	1,7
Kirsche, süß, roh			100	63	0,3	13,3	4,3
Pfirsich, roh	1 Stück	125 g	100	43	0,1	9,4	2,1
Pflaumen, roh	1 Stück	10 g	100	49	0,2	10,2	3,7
Sultaninen, getrocknet			100	266	0	64,7	0,0
Wassermelone			100	37	0,2	8,3	4,9
Weintrauben, roh			100	68	0,3	15,2	4,0
Säfte							
Apfelsaft			100	57	0	11,7	0,0
Aprikosennektar, ca. 40 % Fruchtanteil			100	60	0,1	14,4	1,5
Sanddornsaft			100	40	2,3	1,2	51,8
Tomatensaft			100	17	0,1	2,9	5,3
Traubensaft			100	68	0	16,6	0,0
Samen und Nüsse							
Cashewnuss			100	569	42	30,5	66,4
Haselnuss	10 Stück	15 g	100	647	61	11,4	84,9
Kastanie, Marone			100	196	1,9	41,2	8,7
Kokosmilch, Konserve			100	166	17	1,8	92,2
Kürbiskerne	1 EL	20 g	100	600	50	5,0	75,0
Leinsamen, ungeschält	1 EL	20 g	100	393	30,9	0,0	70,8
Mandeln	10 Stück	15 g	100	577	54	3,7	84,2
Pinienkerne			100	674	60	20,5	80,1
Pistazienkerne			100	618	51,6	17,5	75,1
Sesamsamen			100	574	50	10,2	78,4
Sonnenblumenkerne, geschält	1 EL	25 g	100	596	49	12,3	74,0
Walnuss	5 Stück	20 g	100	666	62	12,1	83,8

Produkt	Portion	Gewicht	Gramm	kcal	Fett (g)	KH (g)	Fett%
Getreide und -produkte							
Mehl und Flocken							
Buchweizen, Vollmehl	1 EL	20 g	100	354	2,7	70,7	**6,9**
Cornflakes	1 EL	10 g	100	500	0	100,0	**0,0**
Dinkel, Mehl	1 EL	20 g	100	336	2,5	64,0	**6,7**
Gerste, Vollkornmehl	1 EL	20 g	100	348	1,9	72,0	**4,9**
Grünkern, Korn	1 EL	20 g	100	324	2,7	63,2	**7,5**
Hafer, Flocken (Vollkorn)	1 EL	10 g	100	352	7	58,7	**17,9**
Hafer, Korn			100	337	7,1	55,7	**19,0**
Paniermehl	1 EL	20 g	100	349	0,1	72,0	**0,3**
Popcorn, Puffmais, Puffreis, Rice Crispies	1 EL	2 g	100	250	0	50,0	**0,0**
Quinoa			100	338	5	58,5	**13,3**
Reis, Korn, Naturreis, roh	1 EL	50 g	100	347	2,2	74,1	**5,7**
Reis, poliert, roh	1 EL	50 g	100	347	0,6	78,4	**1,6**
Bulgur		180	100	325	1	68,9	**2,8**
Roggen, Mehl, Type 1150			100	319	1,3	67,8	**3,7**
Roggen, Vollkornmehl/ Backschrot, Type 1800	1 EL	10 g	100	293	1,5	59,0	**4,6**
Speisekleie			100	176	4,3	16,3	**22,0**
Stärke, Kartoffel	1 EL	20 g	100	336	0,1	83,1	**0,3**
Weizen, Gries, Couscous			100	328	1	69,0	**2,7**
Weizen, Kleie	1 EL	6 g	100	178	4,7	18,0	**23,8**
Weizen, Mehl Type 405	1 EL	20 g	100	335	1	71,0	**2,7**
Wildreis	1 EL	30 g	15	50	0	11,0	**0,0**
Brote							
Baguette			100	260	0,7	55,4	**2,4**
Knäckebrot	1 Stück	10 g	100	318	1,5	66,0	**4,2**
Laugenbrezel/-brötchen	1 Stück	60 g	100	226	1,8	45,3	**7,2**
Mehrkornbrot			100	216	1,6	42,8	**6,7**

Produkt	Portion	Gewicht	Gramm	kcal	Fett (g)	KH (g)	Fett%
Pumpernickel	1 Stück	40 g	100	185	1	36,5	4,9
Roggen, Brot	1 Stück	45 g	100	219	1	45,7	4,1
Vollkornbrot mit Sonnenblumenkernen			100	231	3,9	39,9	15,2
Weizen, Schrot-, Vollkornbrot	1 Stück	45 g	100	204	1	41,0	4,4
Weizen, Toastbrot	1 Stück	30 g	100	262	4,5	48,0	15,5
Fein- und Dauerbackwaren							
Butterkeks	1 Stück	5 g	100	422	10	75,0	21,3
Früchtebrot			100	289	8,6	46,3	26,8
Gewürzkuchen			100	335	12,5	49,2	33,6
Hefegebäck, einfach			100	249	6,6	39,0	23,9
Müslikeks	1 Stück	5 g	100	443	19	60,0	38,6
Nusskuchen			100	436	29,1	36,9	60,1
Obstkuchen, Hefeteig			100	176	3,5	32,2	17,9
Russisch Brot	1 Stück	5 g	100	388	1	88,2	2,3
Salzstangen, Salzbrezeln			100	347	0,5	76,0	1,3
Tortenboden			100	346	5,2	68,3	13,5
Waffelmischung			100	472	20	68,0	38,1
Zwieback		20 g	100	373	5	60,0	12,1
Frühstücksflocken							
Corn-Flakes	1 EL	10 g	100	355	0,6	79,6	1,5
Früchte-Müsli, ohne Zucker i. D.			100	363	8,8	60,2	21,8
Müsli-Mischung, Trockenprodukt i. D.			100	394	10	67,0	22,8
Knusper-Schoko-Müsli Vitalis Dr. Oetker		375 g	100	417	14	64,4	30,2
Milch und -produkte							
Milch							
Trinkmilch, 3,5 %			100	64	3,5	4,8	49,2
Trinkmilch, entrahmt			100	35	0,1	4,9	2,6
Trinkmilch, fettarm, 1,5 %			100	47	1,5	4,9	28,7

Produkt	Portion	Gewicht	Gramm	kcal	Fett (g)	KH (g)	Fett%
Milchprodukte							
Buttermilch			100	35	0,5	4,0	12,9
Crème fraîche, 30%, 1 EL			15	45	4	0,0	80,0
Dickmilch, entrahmt			100	32	0,1	4,2	2,8
Joghurt aus Magermilch			100	32	0,1	4,2	2,8
Joghurt, 1,5%			100	44	1,5	4,1	30,7
Joghurt, 3,5%			100	61	3,5	4,0	51,6
Kakaotrunk aus Magermilch			100	52	0,3	8,9	5,2
Kefir, 1,5% Fett			100	48	1,6	3,2	30,0
Kondensmilch, 10%			100	176	10,1	12,5	51,6
Kondensmilch, 4%			100	128	4,1	13,3	28,8
Milchpudding			100	94	1,2	18,0	11,5
Sahne, 30%			100	309	31,7	3,4	92,3
saure Sahne, 10% Fett	150 g		100	117	10	3,7	76,9
Frischkäse und Speisequark							
Doppelrahmfrischkäse			100	340	31,5	2,6	83,4
Feta, 40% Fett i. Tr.			100	218	16	0,0	66,1
Frischkäse 0,2%			100	64	0,2	4,1	2,8
Hüttenkäse, Cottage Cheese, 20% Fett i. Tr.			100	100	2	3,0	18,0
Körniger Frischkäse			100	81	2,9	0,0	32,2
Mascarpone			100	460	47,5	3,6	92,9
Mozzarella			100	225	19,8	0,0	79,2
Mozzarella, leicht			100	165	8,5	18,0	46,4
Speisequark, 20% Fett i. Tr.			100	109	5,1	2,7	42,1
Speisequark, mager			100	72	0,3	3,2	3,8
Hart- und Weichkäse							
Appenzeller, 50% Fett i. Tr.			100	386	31,6	0,0	73,7
Back-Camembert, 45% Fett i. Tr.			100	229	17	0,0	66,8
Brie, 50% Fett i. Tr.			100	345	27,9	0,1	72,8

Produkt	Portion	Gewicht	Gramm	kcal	Fett (g)	KH (g)	Fett%
Butterkäse, 30% Fett i. Tr.			100	244	15,4	0,0	56,8
Camembert, 30% Fett i. Tr.			100	216	13,5	0,0	56,3
Chester (Cheddar), 50% Fett i. Tr.			100	397	32,2	0,4	73,0
Delite Scheiben, 5% Fett absolut	25 g/ Scheibe	125 g	100	188	5	1,5	23,9
Edamer, 30% Fett i. Tr.			100	251	16,2	0,0	58,1
Finello Light 15% absolut		150 g	100	266	15	1,0	50,8
Gorgonzola			100	360	31,2	0,0	78,0
Gouda, 40% Fett i. Tr.			100	300	22,3	0,0	66,9
Gruyère, 45% Fett i. Tr.			100	399	32,1	0,0	72,4
Harzer, Korbkäse, Mainzer Handkäse			100	126	0,7	0,0	5,0
Leerdamer, 45% Fett i. Tr.			100	352	27,6	0,0	70,6
Parmesan, 37% Fett i. Tr.			100	375	25,8	0,1	61,9
Ziegenkäse, Schnittkäse, 48% Fett i. Tr.			100	329	27	0,0	73,9
Sonstiges							
Eier							
1 Eidotter	1 Stück	19 g	19	67	6,1	0,1	81,9
1 Eiklar	1 Stück	33 g	33	15	0,1	0,0	6,0
1 Hühnerei (Gew.-Kl. M)	1 Stück/ 58 g	52 g	58	90	6,6	0,4	66,0
Fette und Öle							
Butter (Süß- und Sauerrahm)			100	754	83,2	0,7	99,3
Diätmargarine			100	722	80	0,2	99,7
Halbfettmargarine			100	368	40	0,4	97,8
Leinöl			100	896	99,5	0,0	99,9
Margarine (Pflanzenmargarine)			100	722	80	0,4	99,7
Mayonnaise, 50% Fett			100	490	52	5,0	95,5
Miracel Whip Balance, Kraft	1 EL	20 g	100	199	16	12,5	72,4

Produkt	Portion	Gewicht	Gramm	kcal	Fett (g)	KH (g)	Fett%
Thomy légère 9 %			100	120	9	8,4	67,5
Olivenöl			100	897	99,6	0,2	99,9
Rapsöl			100	900	100	0,0	100,0
Sonnenblumenöl			100	898	99,8	0,0	100,0
Süß- und Backwaren							
Kakaopulver, schwach entölt	1 EL	15 g	100	340	24	11,0	63,5
Konfitüre im Durchschnitt			100	266	0	66,0	0,0
Kuvertüre			100	560	55	32,0	88,4
Löffelbiskuit	Stück	5 g	5	20	0	4,0	0,0
Marzipan			100	493	25	59,0	45,6
Nugat			100	500	24	66,0	43,2
Blockschokolade			100	550	32	62,0	52,4
Zucker	1 EL	15 g	100	400	0	100,0	0,0
Zucker, Vanille-	10 g		100	375	0	100,0	0,0
Süßspeisen							
Rote Grütze, verzehrfertig mit Wasser			100	85	0	21,0	0,0
Schoko-Pudding, verzehrfertig mit Milch			100	127	3,5	21,0	24,8
Vanille-, Mandel-, Sahne-pudding, verzehrfertig mit Milch			100	105	3,3	16,0	28,3
Schokoladensauce, ohne Kochen		32 g	100	364	2	82,6	4,9
Dickmanns Schokoküsse	Stück	25 g	100	366	9	68,0	22,1
Speiseeis							
Eiscreme			100	160	10	15,0	56,3
Fruchteis			100	80	0	20,0	0,0
Milchspeiseeis			100	127	3	20,0	21,3
Rahm-, Sahneeis			100	220	17	15,0	69,5
Softeis			100	115	3	19,0	23,5

Rezept- und Zutatenverzeichnis

Stichwortverzeichnis

Bibliografische Information der Deutschen Nationalbibliothek
Die Deutsche Nationalbibliothek verzeichnet diese Publikation in der Deutschen Nationalbibliografie; detaillierte bibliografische Daten sind im Internet über http://dnb.d-nb.de abrufbar.

Programmplanung: Uta Spieldiener
Redaktion: Anne Bleick
Bildredaktion: Anne Bleick, Christoph Frick

Umschlaggestaltung und Innenlayout:
Cyclus · Visuelle Kommunikation, Stuttgart

Bildnachweis:
Umschlagfoto vorn: Plainpicture
Umschlagfotos hinten: Chris Meier, Stuttgart
Fotos im Innenteil:
fancyVeer: S. 6, 8, 11, 13, 17, 25, 29, 31, 32, 71, 73; Chris Meier, Stuttgart: S. 4/5, 18, 19, 26, 27, 34/35, 37, 38, 43, 46/47, 51, 55, 60, 64, 68/69, 75, 78, 83, 89, 91, 92, 94/95, 99, 104/105, 107, 110, 113, 116/117, 118, 123, 124, 125, 128, 133; Plainpicture: S. 3

Zeichnungen: Christine Lackner, Ittlingen

1. Auflage 2011

© 2011 TRIAS Verlag in MVS Medizinverlage Stuttgart GmbH & Co. KG
Oswald-Hesse-Straße 50, 70469 Stuttgart

Printed in Germany

Satz: Ziegler und Müller, Kirchentellinsfurt
gesetzt in: APP/3B2, Version 9.1 Unicode
Druck: Offizin Andersen Nexö Leipzig GmbH, Zwenkau

Gedruckt auf chlorfrei gebleichtem Papier

ISBN 978-3-8304-3824-3   1 2 3 4 5 6

Wichtiger Hinweis: Wie jede Wissenschaft ist die Medizin ständigen Entwicklungen unterworfen. Forschung und klinische Erfahrung erweitern unsere Erkenntnisse, insbesondere was Behandlung und medikamentöse Therapie anbelangt. Soweit in diesem Werk eine Dosierung oder eine Applikation erwähnt wird, darf der Leser zwar darauf vertrauen, dass Autoren, Herausgeber und Verlag große Sorgfalt darauf verwandt haben, dass diese Angabe dem **Wissensstand bei Fertigstellung des Werkes** entspricht.

SERVICE

Liebe Leserin, lieber Leser,

hat Ihnen dieses Buch weitergeholfen? Für Anregungen, Kritik, aber auch für Lob sind wir offen.
So können wir in Zukunft noch besser auf Ihre Wünsche eingehen. Schreiben Sie uns, denn Ihre Meinung zählt!

Ihr TRIAS Verlag
E-Mail Leserservice: heike.schmid@medizinverlage.de
Lektorat TRIAS Verlag, Postfach 30 05 04, 70445 Stuttgart, Fax: 0711 89 31-748

ACHTUNG, ACHTUNG, HIER SPRICHT DIE KÜHLSCHRANK-POLIZEI !!!

Mit unserer Ernährungsanalyse kommen wir Ihren Ernährungssünden auf die Spur. Wir verhaften zu fette Nahrungsmittel, zeigen Ihnen ganz konkret, was Sie in Zukunft besser machen können und bringen Ihnen bei, wie Sie auch in Zukunft die „bösen Jungs" im Supermarkt entlarven und Ihrem inneren Schweinehund die Handschellen anlegen.

Wir bieten einfache, pragmatische Ernährungstipps, die Ihnen dabei helfen werden, im Job, bei Einladungen und ganz privat ganz einfach die jeweils bessere Wahl zu treffen.

Food-Xperts GmbH & Co. KG
41065 Mönchengladbach
fon: 02161 4 79 57-0
fax: 02161 4 79 57-77

www.lowfett.de

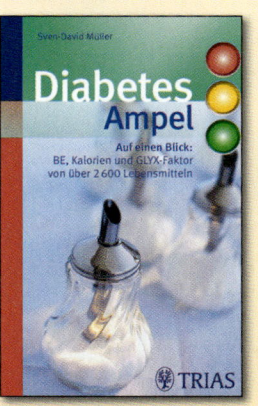